MANUAL DOS TRANSTORNOS ESCOLARES

DR. GUSTAVO TEIXEIRA

MANUAL DOS TRANSTORNOS ESCOLARES

Entendendo os problemas de crianças e adolescentes na escola

12ª edição

RIO DE JANEIRO | 2021

CIP-BRASIL. CATALOGAÇÃO NA FONTE
SINDICATO NACIONAL DOS EDITORES DE LIVROS, RJ

Teixeira, Gustavo
T266m   Manual dos transtornos escolares: entendendo os problemas de
12ª ed. crianças e adolescentes na escola / Gustavo Teixeira. – 12ª ed. – Rio
de Janeiro: Best*Seller*, 2021.

ISBN 978-85-7684-640-6

1. Agressividade (Psicologia). 2. Crianças-problema – Modificação de comportamento. 3. Comportamento – Modificação. 4. Agressividade (Psicologia) em crianças. 5. Distúrbios de conduta em crianças. 6. Agressividade (Psicologia) em adolescentes. 7. Psicologia do adolescente. 8. Psicologia infantil. 9. Assédio nas escolas. 10. Violência nas escolas. I. Título.

12-9007.   CDD: 155.4
                                                          CDU: 159.922.75:2

Texto revisado segundo o novo Acordo Ortográfico da Língua Portuguesa.

Título original
TRANSTORNOS COMPORTAMENTAIS NA INFÂNCIA E
ADOLESCÊNCIA
Copyright © 2012 by Gustavo Henrique Teixeira
Copyright da tradução © 2013 by Editora Best Seller Ltda.

Editoração eletrônica: Abreu's System

Todos os direitos reservados. Proibida a reprodução,
no todo ou em parte, sem autorização prévia por escrito da editora,
sejam quais forem os meios empregados.

Direitos exclusivos de publicação em língua portuguesa para o Brasil
reservados pela
EDITORA BEST SELLER LTDA.
Rua Argentina, 171, parte, São Cristóvão
Rio de Janeiro, RJ – 20921-380
que se reserva a propriedade literária desta tradução

Impresso no Brasil

ISBN 978-85-7684-640-6

Seja um leitor preferencial Record.
Cadastre-se e receba informações sobre nossos lançamentos e nossas
promoções.

Atendimento e venda direta ao leitor:
sac@record.com.br

Dedico este livro aos pais, familiares, professores, coordenadores pedagógicos, psicólogos escolares, psicopedagogos e demais profissionais de educação compromissados com o desenvolvimento mental de nossas crianças e que acreditam na psicoeducação como uma ferramenta de inclusão socioeducacional e de combate à falta de informação, à ignorância e ao preconceito.

Agradeço aos queridos amigos Lidia Silveira e Robert Macmillan pelo incentivo na concretização deste livro e pelo apoio incondicional para a realização de meus cursos psicoeducacionais nos Estados Unidos no Department of Special Education and Communication Disorders da Bridgewater State University.

"Ninguém pode ser autenticamente humano, enquanto impede outros de serem também."

PAULO FREIRE — *Pedagogia do oprimido* (1974)

Sumário

Introdução 13
1. Uma breve história 17
2. Avaliação comportamental na infância e na adolescência 21
3. Bullying 27
4. Transtorno desafiador opositivo 41
5. Transtorno de conduta 53
6. Transtorno de déficit de atenção/ hiperatividade 63
7. Drogas 75

8. Depressão infantil 91

9. Transtorno bipolar do humor 101

10. Suicídio e comportamento suicida 111

11. Transtornos ansiosos 119

12. Transtornos de tiques 145

13. Deficiência intelectual 157

14. Autismo infantil e os transtornos do espectro autista 171

15. Esquizofrenia de início precoce 191

16. Transtorno de ajustamento 199

17. Transtornos alimentares 207

18. Dislexia 217

19. Páginas na Web 225

Sites de referência 229

Referências bibliográficas 231

O autor 235

Contato com o autor 237

Introdução

Nos últimos anos, os problemas comportamentais da infância e da adolescência têm recebido especial atenção de profissionais da saúde mental infantil, educadores e pais. Para se ter uma ideia da dimensão do problema, diversos estudos epidemiológicos realizados internacionalmente identificam que cerca de 20% de crianças e adolescentes em idade escolar necessitam de algum auxílio na área da saúde mental. São milhares de estudantes brasileiros com prejuízos acadêmicos e que precisam desenvolver estratégias para lidar com dificuldades emocionais, aprendendo habilidades sociais e comportamentais para levarem uma vida mais feliz e equilibrada.

Com o passar dos séculos tem sido possível observar o quanto a ignorância é prejudicial à nossa sociedade. Milhares de mortes inocentes durante guerras e conflitos étnicos e religiosos destroçaram nosso planeta. A ganância, a vaidade e o desejo por poder esmagaram e dizimaram diversas civilizações, culturas e comunidades ao longo do tempo.

Na política, a manutenção de uma população burra, ignorante e sem acesso à educação e à informação se tornou, há centenas de anos, uma maneira fácil e barata de manipular uma grande massa eleitoral.

Deixando um pouco de lado a política e a religião, o campo da ciência vivencia um problema semelhante. Enquanto os estudos da neurociência e da medicina evoluem intensamente nos diversos centros de pesquisa, principalmente nos Estados Unidos e na Europa, observamos o surgimento de cada vez mais "terapias alternativas", isto é, pseudotratamentos sem comprovação científica que tentam desqualificar o trabalho sério de pesquisadores e cientistas, ludibriando a população.

Será justo que o preconceito, a ignorância e o medo de uma sociedade excluam uma criança do

INTRODUÇÃO

tratamento médico correto? Pois esse foi o principal motivo que me estimulou a escrever o *Manual dos transtornos escolares*.

Um dos objetivos deste livro é oferecer material psicoeducativo de qualidade, ricamente embasado em evidências científicas, utilizando uma linguagem simples e fácil para auxiliar pais, educadores e profissionais da saúde mental da infância e da adolescência. A transmissão de informação psicoeducacional pode diminuir preconceitos e permitir que crianças e adolescentes se beneficiem com um tratamento médico correto.

A luz da ciência não pode sucumbir à escuridão e às mazelas da ignorância, que é a pior doença que pode existir. Ela emperra os desenvolvimentos econômico, sociocultural e tecnológico de uma sociedade. Rios de dinheiro são gastos com tratamentos feitos quando já é tarde demais, quando a prevenção e a intervenção precoces em saúde mental infantil poderiam ter ajudado a diminuir o sofrimento e os prejuízos acadêmicos e sociais de milhares de crianças e adolescentes.

A correta intervenção nos diversos transtornos comportamentais que descrevo no livro dependerá de uma série de fatores, mas vale ressaltar que será primordial a união entre pais, educadores e profissionais da saúde mental infantil, como médicos, psicólogos, fonoaudiólogos, psicopedagogos, psicomotricistas, terapeutas ocupacionais, entre outros.

Amigo leitor, vamos nos unir na luta por saúde mental nas escolas brasileiras, e boa leitura!

Dr. Gustavo Teixeira

CAPÍTULO 1

UMA BREVE HISTÓRIA

No passado, as crianças e os adolescentes não eram valorizados através da ótica contemporânea que temos hoje, que os define como seres humanos em crescimento, em desenvolvimento e formação, possuidores de desejos, pensamentos e necessidades especiais. Alguém diferente de um adulto e carente de cuidados e atenção. Até séculos atrás existia um pensamento corrente, o de que crianças eram "miniadultos", não tinham o direito de brincar, estudar ou "ser criança"; até mesmo suas roupas eram idênticas às usadas pelos mais velhos.

Um fato importante que colaborava para essa visão equivocada da infância era o de que até antes do século XVII o termo "família" era designado apenas à fidelidade dos servos ao senhor feudal, sem a conotação sentimental ou de núcleo hereditário que temos hoje. A partir dessa época, com o final do feudalismo, o surgimento das cidades e o desenvolvimento do capitalismo, escolas se expandiram e foram expostos alguns conceitos iniciais de pedagogia na Europa.

Posteriormente, no século XVIII, com a Revolução Industrial, a família passou a ser observada como núcleo unificador dos valores morais e éticos da sociedade, e a criança passou a ser mais valorizada e protegida. Novas literaturas abordando a criança, a educação infantil, a pedagogia, o tratamento e os cuidados maternos foram aos poucos sendo amplamente difundidas e tomaram espaço nos cafés parisienses e nas ruas movimentadas de Londres, atingindo a burguesia e suas famílias.

A sociedade passou a dedicar grande atenção a conceitos como proteção ao núcleo familiar, e a criança se tornou, naquele momento, foco de grande proteção parental. A educação infantil passou a representar importante função na sociedade e na cultura ocidental.

Jean-Jacques Rousseau, destacado escritor suíço da época, introduziu a concepção de que a criança era um ser com características próprias em suas ideias e interesses, não podendo mais ser vista como um adulto em miniatura. Cada fase da vida possui características próprias, e a educação era elemento fundamental para as modificações de cada indivíduo em formação. Diferentemente de como era feito por meio da rígida e hierarquizada educação da época, Rousseau propôs a utilização de brinquedos, esportes, linguagem, canto, aritmética e geometria com a intenção de estimular o desenvolvimento infantil, respeitando suas diferenças quando comparadas aos adultos.

A partir da valorização desses novos representantes da sociedade, a própria medicina passou a estudar os aspectos comportamentais infantis. Em 1621, ainda no século XVII, o médico inglês Robert Burton publica *A anatomia da melancolia*, obra que descreve um caso de depressão infantil. Anos mais tarde, Thomas Willis apresenta manuscritos sobre a psicose na infância.

No início do século XIX, Pinel e Prichard, outros dois importantes médicos psiquiatras franceses, descrevem alterações comportamentais em pacientes jovens que apresentavam sintomas antissociais recorrentes. Pinel denominou "mania sem delírio", e Prichard, "insanidade moral". Emil Kraepelin, importante psiquiatra alemão, também descreveu sintomas semelhantes denominando-os "defeitos morais da infância", referindo-se a estes sintomas como disruptivos do comportamento infantil, além de apresentar descrições detalhadas sobre a mania na infância e adolescência.

Em meados do século XIX, surgiram as primeiras referências aos transtornos hipercinéticos na literatura médica (para aqueles que ainda acreditam que TDAH é moda), quando o médico alemão Heinrich Hoffmann descreveu em sua obra *Der Struwwelpeter*, em 1854, a "insanidade impulsiva", que em suas palavras seria o comportamento de crianças hiperativas.

No início do século XX, o estudo comportamental infantil progredia intensamente, quando, em 1937, aconteceu na França o Primeiro Congresso de Psiquiatria Infantil de Paris. Esse acontecimento histórico marcou o início dessa nova especialidade médica. No Brasil, Stanislau Krynski e Antonio Branco Lefèvre criaram, em 1967, a Associação Brasileira de Neuropsiquiatria Infantil (ABENEPI), abrindo mais espaço ao desenvolvimento de estudos comportamentais da infância e adolescência em nosso país.

CAPÍTULO 2

AVALIAÇÃO COMPORTAMENTAL NA INFÂNCIA E NA ADOLESCÊNCIA

A avaliação comportamental em crianças e adolescentes depende de uma cuidadosa e criteriosa investigação clínica realizada por um médico especialista em comportamento infantil. Normalmente são médicos com formação em psiquiatria ou neurologia que realizam esse trabalho.

Essa investigação deve envolver um detalhado estudo clínico, uma avaliação comportamental completa, que divido basicamente em cinco etapas: avaliação com pais ou responsáveis, avaliação da escola, avaliações complementares, aplicação complementar de escalas padronizadas e avaliação da criança ou do adolescente.

Num primeiro momento, uma entrevista inicial com os pais deve ser realizada sem a presença da criança para que os responsáveis tenham a liberdade de expor suas queixas, preocupações, angústias e dúvidas. Muitas vezes, os pais se sentem inibidos em expor conflitos domésticos, situações problemáticas ou acontecimentos recentes na presença do filho ou da filha; sendo assim, será melhor, a princípio, que a criança não participe disso.

A avaliação com os pais deve abranger um histórico detalhado de todo o desenvolvimento da criança ou do adolescente, desde a história gestacional da mãe até os dias atuais.

A identificação de possíveis problemas de saúde da mãe durante o período gestacional, assim como do uso de medicamentos, álcool, tabaco e outras drogas, e de informações sobre o parto e as condições da criança no momento do nascimento são muito importantes de serem colhidas, visto que alterações nesse período de desenvolvimento podem estar associadas a problemas comportamentais na infância.

O histórico do crescimento do bebê, seu acompanhamento pediátrico e marcos do desenvolvimento motor — como a idade em que a criança começou a andar e falar, por exemplo — são também documentados.

Posteriormente será investigada a ocorrência atual e pregressa dos sintomas nos ambientes familiar e escolar. A queixa principal dos pais deve ser estudada. O que motivou a busca por ajuda médica? Qual é o principal motivo da avaliação? Quais são os sintomas, as queixas, os prejuízos acadêmicos e sociais existentes? Quais são suas principais preocupações e angústias?

Na segunda etapa da investigação diagnóstica será solicitada uma avaliação escolar, pois é o local onde o paciente sob investigação passa a maior parte do tempo e está sob olhares atentos de professores e coordenadores pedagógicos. Além disso, muitas vezes o aluno fica mais tempo com os professores do que com os próprios pais, que em muitos casos se encontram no trabalho o dia todo. Dessa forma, a avaliação escolar será uma ferramenta importantíssima para uma boa avaliação comportamental infantojuvenil.

O objetivo da avaliação escolar é obter o máximo de informações sobre o estudante. Sendo assim, o professor deve se sentir à vontade para relatar por escrito tudo aquilo que julgar importante. Logo, a avaliação escrita e dissertativa é a melhor opção.

Esta deve envolver aspectos acadêmicos e sociais do estudante, desde o momento de sua chegada à escola até o momento de sua partida. A ideia é conhecer o jovem sob a ótica do educador. Quem é esse aluno? Onde ele se senta em sala? Quem são seus amigos? Ele é bem-aceito pelo grupo? É excluído? Tímido? Extrovertido? Agressivo? Educado? Como ele chega à escola? Como se comporta em sala de aula? E no recreio? Fica sozinho? Fica com um grupo? Tem amigos? É líder? É agredido ou rejeitado pelos colegas?

Quanto mais informações, melhor será a avaliação desse estudante. Será como se tivéssemos um "retrato falado" do comportamento do aluno na escola.

Outras verificações podem ser solicitadas, caso o jovem esteja sendo acompanhado por outros profissionais, como por exemplo: psicólogo, fonoaudiólogo, professor de futebol, de natação, de judô, arteterapeuta, psicopedagogo, professores particulares, dentre outros. Eles podem oferecer informações muito valiosas para complementar a avaliação comportamental.

Escalas de avaliação padronizadas para pais e professores sob o formato de "checklist" ou múltipla escolha podem ser utilizadas também. Entretanto, muitas delas se mostram pouco fidedignas para avaliar o comportamento do aluno, pois pode acontecer de nem sempre, por exemplo, a alternativa existente na escala corresponder exatamente ao que o professor observa no comportamento do aluno. Como já exposto aqui, uma avaliação escrita e dissertativa, onde o profissional da educação possui total liberdade para expressar suas observações com as próprias palavras, pode ser a estratégia mais interessante.

Nesse momento, contando com o conjunto de informações oferecidas pelos pais ou responsáveis, pela escola, pelos demais profissionais e pelas escalas padronizadas, a criança — ou o adolescente — será avaliada, e sua capacidade e habilidade de comunicação, interação social, atenção, memória, pensamento, inteligência, linguagem, afetividade e humor será investigada.

O objetivo final da avaliação comportamental infantil será identificar possíveis transtornos comportamentais, assim como investigar outras condições ambientais e outros problemas domésticos que poderiam, por exemplo, interferir negativamente na vida e no desenvolvimento acadêmico e social da criança ou do adolescente.

A partir dessa detalhada investigação, o médico poderá decidir pelo melhor tratamento disponível para seu paciente e muitas vezes optará por uma intervenção interdisciplinar, envolvendo outros profissionais, como psicólogo, fonoaudiólogo, psicomotricista, professor de educação física, de reforço escolar, psicopedagogo, dentre outros.

CAPÍTULO 3

BULLYING

Bullying é um termo do inglês sem tradução para o português que define o comportamento agressivo entre estudantes. São atos de agressão física, verbal ou moral que ocorrem de forma repetitiva, sem motivação evidente e executados por um ou vários estudantes contra outro, em uma relação desigual de poder, normalmente dentro da escola, ocorrendo principalmente na sala de aula e no recreio.

O bullying é um fenômeno que tem sido descrito em escolas de todo o mundo e é uma experiência comum para crianças e adolescentes. Para se ter uma ideia da dimensão do problema, uma pesquisa realizada no Brasil em 2008 pela Plan International Brasil, uma organização não governamental de proteção à infância, pesquisou cerca de 12 mil estudantes de escolas brasileiras e constatou que 70% dos alunos pesquisados afirmaram ter sido vítimas dessa violência escolar. Outros 84% desse total apontaram suas escolas como violentas.

Um levantamento realizado pela ABRAPIA (Associação Brasileira Multiprofissional de Proteção à Infância e à Adolescência) em 2002, envolvendo quase seis mil estudantes do sexto ao nono ano de 11 escolas do município do Rio de Janeiro, revelou índices semelhantes aos encontrados em estudos internacionais ao constatar que 16,9% dos alunos eram alvos de bullying, 12,7% autores e 10,9% alvos e autores.

Os meninos estão mais envolvidos com o bullying e tendem a utilizar principalmente intimidações físicas ou ameaças, sendo responsáveis pelos atos mais agressivos. Entre as meninas há também violência física; entretanto, as agressões verbais, os atos de exclusão e difamação são mais frequentes.

Atualmente, a facilidade com que jovens se comunicam pela rede mundial de computadores tem provocado um novo fenômeno: o cyberbullying.

Através de salas de bate-papo virtual, e-mails ou páginas na internet, são expostos textos, imagens e até vídeos das vítimas. Redes do tipo Facebook, por exemplo, têm servido de ferramentas para tais atos, onde novas comunidades são criadas com o objetivo de agredir, difamar, ofender e humilhar suas vítimas.

O bullying está relacionado com comportamentos agressivos e hostis de alunos que se julgam superiores aos outros colegas, acreditam na impunidade de seus atos dentro da escola e muitas vezes pertencem a famílias desestruturadas, convivendo com pais opressores, agressivos e violentos. Transtornos comportamentais, como o desafiador opositivo, o de conduta e o de déficit de atenção/hiperatividade, são comumente associados aos autores de bullying.

Quem executa tais atos deseja controlar e dominar outros estudantes e com frequência foram ou são vítimas de abuso físico de seus pais ou familiares. Muitas vezes estão envolvidos com atos delinquentes, apresentam desvios de conduta e podem fazer uso abusivo de álcool e drogas. Na idade adulta é possível que se tornem pais agressivos, violentos, e voltem a repetir tais comportamentos com os próprios filhos ou com colegas de trabalho.

Os alvos de bullying normalmente são jovens tímidos, quietos, inseguros, pouco habilidosos socialmente, possuem poucos amigos, são facilmente intimidados e incapazes de reagir a atos de agressividade. Em sua maioria, são fisicamente fracos e menores que os agressores, mais jovens, e dessa forma apresentam dificuldade para se defender das agressões. Alunos novos na escola, vindos de outras localidades e de diferentes religiões são comumente vítimas. Em alguns casos, esses jovens podem apresentar transtornos comportamentais associados, como fobia social, depressão ou transtornos invasivos do desenvolvimento, por exemplo o autismo infantil e a síndrome de Asperger.

Grande parte das vítimas não busca ajuda por medo de seus agressores, e a maioria das agressões ocorre frequentemente dentro da sala de aula, na presença de professores que muitas vezes minimizam, ridicularizam e subestimam o problema, não tomando atitude alguma frente às agressões.

Não são apenas os alvos que sofrem com o bullying; as testemunhas desse comportamento agressivo, jovens que presenciam as agressões aos colegas, vivem também em constante medo de se tornarem as próximas vítimas. O ambiente escolar torna-se hostil, motivo de medo e insegurança para todos.

Crianças e jovens vítimas de bullying experimentam grande sofrimento, o que pode interferir intensamente em seu desenvolvimento social, emocional, e em sua performance escolar. As principais consequências às vítimas são: baixa autoestima, queda do rendimento escolar, resistência ou recusa a ir à escola, frequente troca de colégio e abandono dos estudos. Episódios depressivos e quadros de fobia escolar podem ser desencadeados como resultado das agressões vividas e podem ocorrer tentativas de suicídio.

Em abril de 2011, o termo bullying ganhou grande notoriedade após o chamado "Massacre de Realengo". Wellington Menezes de Oliveira, um jovem de 23 anos de idade, invadiu fortemente armado sua antiga escola, a Escola Municipal Tasso da Silveira, no bairro de Realengo, no Rio de Janeiro, e assassinou 11 estudantes. Ele cometeu suicídio no mesmo local após ser abordado por um policial militar que interrompeu a violência do ex-aluno da escola.

Investigadores descobriram que Wellington tinha planejado o massacre por meses e que justificou seu ato por meio de cartas e vídeos em que dizia ter sido vítima de bullying no passado. O massacre seria um repúdio a seus agressores nos tempos de escola.

Segundo as mesmas investigações, Wellington possivelmente sofria de esquizofrenia, um quadro psiquiátrico grave em que o paciente tem alucinações e delírios. Aparentemente, as agressões sofridas durante o período escolar funcionaram como um dos gatilhos ambientais dessa grave doença de origem genética, pois todo o conteúdo delirante de seu pensamento estava estruturado em torno da temática escolar e ligado ao bullying sofrido durante sua infância.

Wellington repetiu um padrão de comportamento semelhante ao dos jovens americanos Eric Harris e Dylan Klebold, que em 1999 invadiram armados a Columbine High School, em Littleton, estado do Colorado. Eles cometeram suicídio na cafeteria da escola após matar 12 alunos, um professor e ferir dezenas de estudantes. As investigações da época também concluíram que os estudantes apresentavam sinais de doença mental, além de terem sido vítimas de bullying na escola em que estudavam.

Bullying na escola
❏ Apelidar.
❏ Ameaçar.
❏ Agredir.
❏ Hostilizar.
❏ Ofender.
❏ Humilhar.
❏ Discriminar.
❏ Excluir.
❏ Isolar.
❏ Intimidar.
❏ Perseguir.
❏ Assediar.
❏ Furtar.

O que fazer?

Normalmente, a identificação precoce do bullying nas escolas e o trabalho de informação e conscientização entre professores, pais e alunos são suficientes para se lidar com o problema. Entretanto, quadros graves de bullying podem estar diretamente ligados a transtornos comportamentais graves, como o desafiador opositivo, o de conduta, o de déficit de atenção/hiperatividade, à depressão infantil e à fobia escolar. Nesses casos, a avaliação psiquiátrica é indicada, e essas condições podem ser tratadas.

A identificação precoce do bullying nas escolas possibilita uma intervenção terapêutica a fim de se evitarem prejuízos acadêmicos e no relacionamento social dos alunos envolvidos. A instituição de ensino deve passar uma mensagem clara a todos os estudantes de que o bullying é um comportamento errado, inaceitável, e que consequências serão tomadas em caso de ocorrência.

Programas antibullying devem ser criados de forma sistematizada e continuada nas escolas, objetivando a orientação aos pais, professores e alunos para o desenvolvimento de estratégias a fim de lidar com o problema e promover a criação de medidas de controle desse comportamento.

Essas estratégias antibullying visam tornar o ambiente escolar um local saudável, seguro e acolhedor para crianças, adolescentes e educadores, favorecendo um clima escolar positivo, promovendo a aprendizagem, reforçando conceitos éticos, de respeito, e estimulando uma cultura pacifista.

Caso clínico

Daniela é uma estudante de 15 anos de idade que cursa o primeiro ano do ensino médio em um tradicional colégio da zona sul do Rio de Janeiro. Os pais e a adolescente chegaram ao meu consultório muito abalados emocionalmente, e havia três semanas que a estudante não ia o colégio.

Segundo o relato dos pais, Daniela sempre foi uma menina muito tímida e com poucos amigos. Eles acreditam que a dificuldade de socializar e de se defender das agressões permitiram que um grupo de meninas passasse a excluir e agredir diariamente a estudante.

Duas semanas antes da consulta, uma das meninas agressoras tinha publicado no site de relacionamento Facebook uma série de ofensas contra a estudante, que, desde então, se recusou a retornar ao colégio.

"Ela se isolou completamente, está deprimida e deseja abandonar os estudos. A Dani tem medo de voltar para a escola, Dr. Gustavo! Destruíram a autoestima da minha filha!", relatou, emocionada, a mãe da estudante.

Nesse caso, o primeiro passo foi avaliar clinicamente a estudante e afastar a existência de transtornos comportamentais como depressão, fobia social ou fobia escolar, por exemplo. Encaminhei a estudante para uma psicoterapia cognitivo-comportamental objetivando o treinamento em habilidades sociais e o fortalecimento de sua autoestima.

O colégio foi muito solícito, conseguiu identificar o grupo de agressoras, tomou atitudes assertivas na punição das mesmas, mas também procurou entender toda a dinâmica desse problema, convocando as famílias envolvidas para algumas reuniões com a coordenação do colégio. Esta ofereceu ajuda psicopedagógica na readaptação de Daniela à sala de aula e concordou em criar normas rígidas de combate ao bullying.

Durante todo esse processo, ajudei o colégio na criação de um programa antibullying, e até o momento os resultados vêm sendo promissores.

Dicas aos professores

❏ Leve informações sobre essa violência aos pais e alunos através de palestras, reuniões e textos explicativos.

- Promova debates em sala de aula, valorizando o respeito mútuo entre alunos.
- Crie um programa antibullying na escola.
- Não tolere a prática de bullying.
- Estimule denúncias de bullying.
- Investigue e identifique os casos dessa violência.
- Supervisione os alunos em todos os ambientes escolares.
- Saiba que não apenas os alvos, mas todos, sofrem com essa violência.
- Forneça auxílio pedagógico e psicológico aos autores e alvos de bullying.
- Encaminhe os casos mais graves para um psiquiatra da infância e da adolescência.

Dicas aos pais

- Converse com seu filho a respeito de bullying, suas manifestações e consequências.
- Seja um exemplo pacífico e positivo para seu filho.
- Ensine conceitos de ética e educação.
- Mostre a importância de saber respeitar as diferenças de cada um.

- Informe que a violência deve ser sempre evitada.
- Procure a escola, converse com professores e funcionários a respeito do problema.

Ações para prevenção do cyberbullying (e pedofilia)

- Converse sobre cyberbullying e suas implicações.
- Monitore o uso do computador de seu filho e verifique quais sites são visitados.
- Questione seu filho sobre quem são suas amizades virtuais.
- Ensine seu filho a bloquear *bullies* e estranhos em redes sociais como MSN e Facebook.
- Oriente para que ele nunca ofereça informações pessoais como número de telefone e endereço para estranhos.
- Ensine-o a criar senhas difíceis de serem descobertas, misturando letras e números.
- Oriente-o para que não forneça a senha de e-mails pessoais ou páginas de relacionamento, mesmo que para amigos.
- Não permita que ele publique fotos muito expositivas (com pessoas vestindo trajes de ba-

nho ou mostrando o colégio em que estuda ou a residência onde vive).

- Ensine-o a não se comunicar com desconhecidos ou responder e-mail dos mesmos.
- Explique que muitas vezes pessoas mentem informações como idade e profissão para se aproximar e possivelmente fazer mal a outra pessoa.
- Oriente-o a desligar o computador caso ele perceba ou visualize algo considerado agressivo ou errado.

CAPÍTULO 4

Transtorno Desafiador Opositivo

O transtorno desafiador opositivo é definido como um padrão persistente de comportamentos negativistas, hostis, desafiadores e desobedientes observados nas interações da criança com adultos e figuras de autoridade, como pais, tios, avós e professores.

As principais características do transtorno desafiador opositivo são: frequente impaciência, discussões com adultos, desafio, recusa a obedecer solicitações ou regras, comportamento opositivo, indisciplina, perturbação e implicância com as pessoas, podendo responsabilizá-las pelos próprios erros. Ele se aborrece com facilidade e comumente se apresenta enraivecido, irritado, ressentido, mostrando-se rancoroso e com ideias de vingança.

Os sintomas aparecem em vários ambientes; entretanto, é na sala de aula e em casa que eles podem ser melhor observados. Tais sintomas devem causar prejuízo significativo nas vidas social, acadêmica e ocupacional da criança ou do adolescente, e é importante observar que no transtorno desafiador opositivo ainda não há sérias violações de normas sociais ou direitos alheios, como ocorre no transtorno de conduta.

Estudos internacionais identificam esse diagnóstico em 2% a 16% das crianças em idade escolar. Geralmente, o transtorno tem seu início por volta dos 6 anos de idade, tendo mais ocorrência em meninos do que em meninas.

Com frequência, essas crianças apresentam baixa autoestima, fraca tolerância às frustrações, humor deprimido, ataques de raiva, e possuem poucos amigos, pois são rejeitados pelos colegas, devido a seus comportamentos impulsivos, opositores e de desafio às regras sociais do grupo.

O desempenho escolar pode ficar comprometido, e reprovações escolares são muito comuns. Esses jovens não participam de atividades em grupo, recusam-se a pedir ou a aceitar ajuda dos professores e querem sempre solucionar seus problemas sozinhos.

Essa criança pode apresentar comorbidades (outros transtornos comportamentais associados), sendo os mais prevalentes o transtorno de déficit de atenção/hiperatividade, os transtornos de aprendizagem, de humor e os ansiosos.

Quando não tratado, o transtorno desafiador opositivo pode evoluir para o transtorno de conduta, o que ocorre em até 75% dos casos de crianças com o diagnóstico inicial. Diante desse fato, diversos autores consideram o transtorno desafiador opositivo um antecedente evolutivo do transtorno de conduta.

Sendo assim, o diagnóstico e o tratamento precoces podem exercer um importante papel preventivo com o cuidado e a melhora dos sintomas opositivos e desafiadores.

Transtorno desafiador opositivo na escola

❏ Discute com professores e colegas.
❏ Recusa-se a trabalhar em grupo.

- ❏ Não aceita ordens.
- ❏ Não realiza deveres escolares.
- ❏ Manipulador.
- ❏ Não aceita crítica.
- ❏ Desafia a autoridade de professores e coordenadores.
- ❏ Deseja tudo ao seu modo.
- ❏ É o "pavio curto" ou o "esquentado" da turma.
- ❏ Perturba outros alunos.
- ❏ Responsabiliza os outros por seu comportamento hostil.

Quais são as causas?

As principais hipóteses para o surgimento do transtorno desafiador opositivo estão relacionadas com uma origem multifatorial, envolvendo componentes biológicos e ambientais.

Quando falo em componentes biológicos, me refiro a uma possível herança genética, características herdadas pela criança que podem predispor a essa condição comportamental, como temperamento impulsivo, baixo limiar de frustração, irritabilidade e disfunções em neurotransmissores serotoninérgicos e dopaminérgicos.

Os possíveis componentes ambientais envolvidos no diagnóstico do transtorno desafiador opositivo estão relacionados com métodos de criação parental, comportamento criminoso, alcoolismo e uso de drogas por pais ou responsáveis, negligência, falta de afeto e de suporte emocional à criança. Além disso, alterações e complicações no desenvolvimento da criança, como prematuridade, complicações da gravidez e de parto, podem participar como fatores de risco para o transtorno.

Quanto à questão dos padrões familiares de criação, dois estilos parentais se destacam e podem estar relacionados com o problema. Comumente observo crianças com este diagnóstico vivendo em lares onde os pais são permissivos e não dão limite aos filhos.

Veja um exemplo em que a criança exerce controle sobre as figuras de autoridade em casa: a mãe solicita ao filho que arrume o próprio quarto. Nesse momento, o filho tem um ataque de raiva, chorando, gritando e se negando a arrumá-lo.

Assim, a mãe é coagida a retirar a solicitação feita e, nesse momento, está reforçando esse comportamento desafiador do filho. Toda vez que ela pedir algo que o desagrade, o menino realizará o comportamento desafiador e de oposição, que será reforçado toda vez que a mãe ceder. Dessa forma, a consequência é um efeito "bola de neve", e a tendência natural é o agravamento e a piora dos sintomas a cada dia.

Em contrapartida, também observo lares opressores e de normas demasiadamente rígidas. Nesse caso, a criança convive diariamente com violência, agressividade, hostilidade e brigas dos pais, por exemplo. Ela pode assumir o comportamento dos pais como "normal" e levar essa conduta aprendida para o ambiente escolar. Ora, dentro de casa ela aprende que tudo deve ser resolvido "no grito", com violência e agressividade. Assim, tentará resolver seus problemas de forma impulsiva, fazendo uso da força física, se opondo a regras e desafiando a autoridade de, por exemplo, professores e demais funcionários da escola.

O que fazer?

Uma vez que a origem do problema é multifatorial, uma série de estratégias deve ser utilizada para se obter o sucesso terapêutico e a redução dos sintomas comportamentais. Alguns medicamentos apresentam resultados promissores no manejo dos principais sintomas, como agressividade, impulsividade, ataques de raiva e baixo limiar de frustração. Os neurolépticos atípicos, como a risperidona e a quetiapina, podem ser utilizados em baixas doses. Muito importante informar que os medicamentos não são curativos, eles apenas objetivam reduzir sintomas para facilitar o trabalho dos pais e educadores na aplicação de técnicas e estratégias comportamentais para lidar com o transtorno desafiador opositivo.

Devido à alta prevalência de transtornos comportamentais associados, deve ser realizada uma avaliação médica criteriosa, e esses transtornos devem ser concomitantemente tratados, se encontrados. Estudos comprovam que crianças com diagnóstico de transtorno desafiador opositivo associado ao transtorno de déficit de atenção/hiperatividade respondem positivamente ao tratamento medicamentoso com o estimulante metilfenidato.

A utilização de técnicas cognitivo-comportamentais ajudam na criação de estratégias para a solução de problemas e diminuem o negativismo observado nesses estudantes. O treinamento de habilidades sociais também é utilizado para melhorar a flexibilidade, aumentar o limiar de tolerância à frustração e estimular a socialização e a empatia nesses pacientes.

Métodos de reforço positivo, como utilização de elogios, estratégias de "economia de fichas" e uso de contratos de comportamento, podem auxiliar na organização de rotinas e na criação de limites essenciais para melhoria, adaptação e adequação social dessas crianças.

O aconselhamento e o treinamento de pais e professores acerca de como lidar com os sintomas de desafio e oposição em casa e no ambiente escolar são de extrema importância para o sucesso do tratamento. Essa orientação aos pais funciona como um mecanismo a fim de ensiná-los a desencorajar comportamentos desafiadores no filho e encorajar comportamentos adequados, ajudando na melhoria da relação pais-filhos e na diminuição dos sintomas do transtorno.

A terapia familiar também pode ser associada em situações especiais quando o ambiente doméstico estiver comprometido. Nesses casos, o acompanhamento familiar objetiva melhorar a comunicação e a interação entre os membros da família, ajudar na resolução de conflitos conjugais e familiares que comumente existem. Essa relação familiar positiva facilita o diálogo, tornando mais fácil o manejo de comportamentos inapropriados, e pode ajudar a criança a controlar as próprias emoções.

O estímulo à prática esportiva pode ser muito importante para fortalecer a autoestima da criança, incentivar sua socialização e sua interação positiva com outras crianças. Esportes coletivos e lutas — judô, caratê e capoeira — podem ensinar conceitos importantes à criança, como disciplina, respeito às regras, hierarquia, trabalho em equipe e controle emocional.

Devo dizer que o transtorno desafiador opositivo pode ter uma evolução muito positiva com o tratamento; entretanto, depende da participação, do engajamento e da motivação dos pais na mudança de seus hábitos e comportamentos, no estabelecimento de regras, limites e conduta assertiva. Muitas vezes, a dificuldade dos responsáveis na aceitação das intervenções e das estratégias comportamentais ensinadas inviabiliza o sucesso terapêutico.

Caso clínico

Márcio é uma criança de 9 anos de idade, estudante do quarto ano do ensino fundamental de uma escola na Barra da Tijuca, Rio de Janei-

ro. *Seus pais são divorciados, e ele mora com a mãe e uma irmã de 4 anos de idade. Márcio foi encaminhado para avaliação médica pela coordenadora pedagógica.*

Segundo relato escolar, seu rendimento acadêmico está abaixo do esperado. A criança se opõe às regras, desafiando deliberadamente a autoridade de suas três professoras, é impulsivo, manipulador e se mostra enraivecido sempre que se sente contrariado. Márcio não possui amigos na escola, pois está sempre envolvido em brigas com outros estudantes.

Em casa, os sintomas de desafio e oposição às regras também estão presentes. A mãe diz que não consegue impor regras ou dar limites ao filho e confessa que se considera permissiva. "Ele sempre foi o reizinho da casa, nunca consegui dar limites; quando falo alguma coisa, ele chora, grita, e eu acabo cedendo." Após investigação clínica com a família, a escola e a própria criança, chegou-se ao diagnóstico de transtorno desafiador opositivo. Márcio passou a tomar um medicamento para diminuição dos sintomas de impulsividade e agressividade.

Orientei a mãe, oferecendo informação psicoeducacional sobre o diagnóstico do filho e ensinando estratégias comportamentais para ela lidar com os sintomas opositivos e desafiadores. Iniciamos um programa de reforço positivo com um sistema de pontuação denominado "economia de fichas", além de um contrato comportamental e uma aplicação de técnicas de punições brandas. A escola recebeu orientação e material psicoeducativo para auxiliar no manejo dos sintomas em sala de aula e durante o recreio. Seis meses após o início do tratamento, o relato familiar e escolar é de melhora significativa nos sintomas negativos do menino. As notas de Márcio melhoraram bastante, assim como seu relacionamento com professores, funcionários e colegas da escola. A interação familiar está melhor, e a mãe afirma que a aplicação das técnicas comportamentais, das regras e das rotinas estão beneficiando e favorecendo um relacionamento mais saudável entre eles.

Dicas aos pais

- ❏ Dedique um tempo a seu filho diariamente.
- ❏ Converse com ele e realize atividades esportivas ou de lazer.

- Estimule a prática de esportes coletivos.
- Explique claramente regras e instruções.
- Explique possíveis consequências em caso de indisciplina.
- Utilize técnicas comportamentais de manejo de sintomas opositivos e desafiadores.
- Proponha acordos e privilégios em caso de atitudes assertivas.
- Elogie atitudes positivas.
- Evite punições físicas (bater na criança reforçará comportamentos agressivos).
- Retire privilégios em casos de mau comportamento.
- Comunique-se com professores e coordenadores sempre que necessário.
- Realize passeios para promover a integração familiar.

CAPÍTULO 5

Transtorno de conduta

O transtorno de conduta é um conjunto de alterações comportamentais apresentado principalmente em adolescentes que são agressivos, desafiadores, antissociais, em que violam os direitos básicos alheios, as regras e as normas sociais. Trata-se de uma condição mais grave quando comparada ao transtorno desafiador opositivo, sendo responsável por frequente encaminhamento aos serviços de psiquiatria infantojuvenil.

Com maior incidência em pessoas do sexo masculino, acredita-se que aproximadamente 9% dos meninos e 4% das meninas com menos de 18 anos de idade tenham o transtorno, sendo que os meninos apresentam os sintomas mais precocemente, entre os 10 e 12 anos de idade, e as meninas, entre os 14 e 16 anos.

Observamos diariamente nos noticiários policiais exemplos clássicos de comportamento delinquencial: jovens depredam patrimônios públicos, picham muros, destroem carros e se envolvem em brigas em bares, boates e eventos sociais. Possivelmente, muitos desses jovens apresentam o transtorno de conduta.

A violação de regras é o componente principal desse transtorno, e jovens que o possuem apresentam comportamento antissocial, agredindo pessoas e animais fisicamente e sendo cruéis. Além disso, eles muitas vezes são autores de bullying dentro do ambiente escolar. As brigas na escola ou na rua são frequentes, inclusive com a utilização de armas de fogo, faca ou bastão.

Não demonstram sentimento de culpa ou remorso pelos seus atos, são sádicos, negativistas, desafiadores, hostis e podem realizar atos de vandalismo, furtos e destruição de patrimônio alheio. Em quadros iniciais do transtorno de conduta, podem ser observados repetidos roubos em lojas de departamento ou de objetos pessoais de colegas em sala de aula, além de violência e intimidações contra outros estudantes.

Outros sintomas graves, como fuga de casa, mentira, consumo de álcool ou outras drogas e comportamento sexual de risco, são comuns. Em sua maioria, os detentores de tal transtorno apresentam dificuldades em interações sociais e possuem poucos amigos, e os sintomas de baixa autoestima, baixa tolerância à frustração, irritabilidade e explosões de raiva podem estar presentes.

Não é de surpreender que o desempenho acadêmico seja fraco na esmagadora maioria dos casos, assim como são muito altos os índices de abandono e de reprovação escolar.

Outros transtornos comportamentais da infância e da adolescência apresentam-se frequentemente associados ao transtorno de conduta, sendo os mais comuns os do humor, os ansiosos, o uso de drogas e o transtorno de déficit de atenção/hiperatividade.

Alguns fatores são considerados de mau prognóstico ao transtorno de conduta, como: início dos sintomas muito cedo, baixo nível intelectual e econômico dos pais, falta de apoio familiar, envolvimento judicial precoce, grande agressividade, uso de álcool ou drogas e associação com outros transtornos comportamentais.

O curso do transtorno de conduta é variável, podendo parar ou continuar na idade adulta. Nos casos em que há continuação desses sintomas, a evolução para a dependência de drogas, a criminalidade e o transtorno de personalidade antissocial ocorrem com frequência.

Dessa forma, quanto mais precocemente o adolescente é diagnosticado e devidamente tratado, maiores serão as chances de ele ser reintroduzido e readaptado ao convívio em sociedade.

Transtorno de conduta na escola

- Mentiras.
- Agressões físicas.
- "Matar aula".
- Destruição de carteiras.
- Roubo de material escolar.
- Agressividade e ameaças contra professores e alunos.
- Hostilidade com colegas de turma.
- Ausência de remorso.
- Comportamento sádico.
- Consumo de álcool e drogas.

- ❏ Desempenho escolar fraco.
- ❏ Isolamento social.
- ❏ Prática de bullying.

Quais são as causas?

Não existe uma causa específica para o transtorno de conduta. Atualmente, acredita-se que vulnerabilidades genéticas estariam associadas a fatores ambientais ou estressores sociais, que funcionariam como desencadeadores dessa condição.

Esses estressores sociais envolvidos no desencadeamento do transtorno de conduta estão ligados a ambientes familiares caóticos, com violência doméstica representada por pais agressivos, violentos, negligentes e ausentes. Esses fatores colaboram para a criação de um modelo comportamental nos filhos, que passam a apresentar comportamento semelhante em ambiente escolar e em situações sociais de modo geral.

Famílias instáveis, em que há brigas conjugais, pais viciados em álcool ou drogas e abuso físico ou sexual de crianças, também podem contribuir para o desenvolvimento do transtorno de conduta, que se apresenta mais comumente nas classes socioeconômicas menos favorecidas e familiares com nível de instrução educacional menor, onde a violência pode estar mais presente.

Em muitos casos, o transtorno de conduta aparece como uma continuação evolutiva do transtorno desafiador opositivo. Isso significa que os sintomas psicopatológicos iniciaram anos antes, mas infelizmente a incapacidade de se detectar o problema e de se realizar uma intervenção precoce com a criança contribuíram para a evolução para sintomas mais graves e severos.

O que fazer?

O tratamento desse transtorno envolve intervenções junto ao jovem, à família e à escola por meio de medidas socioeducativas, treinamento de habilidades sociais e de técnicas cognitivo-comportamentais que são utilizadas para o controle da agressão, modulação do comportamento social, estímulo ao diálogo e melhoria do relacionamento entre pais e filhos.

Estratégias de resolução de problemas, autocontrole e ensinamento de como pais e familiares podem reforçar positivamente comportamentos sociais aceitáveis ajudam no bom prognóstico do paciente.

Na escola, professores e funcionários podem encontrar mecanismos mais adequados para reintegrar o aluno em sala de aula. Técnicas comportamentais podem ser aprendidas para que a promoção e o estímulo de comportamentos aceitáveis do aluno sejam introduzidos e atitudes de desrespeito e agressão sejam desencorajadas.

A utilização de medicamentos pode ser muito útil e eficaz para o tratamento de sintomas como agressividade ou explosões de raiva e impulsividade, sendo os neurolépticos atípicos e estabilizadores do humor os mais amplamente utilizados nesse sentido.

A utilização de estimulantes para o tratamento do transtorno de déficit de atenção/hiperatividade associada ao transtorno de conduta pode resultar em grande melhora da sintomatologia disruptiva. O tratamento de outros transtornos comportamentais associados, como o do humor, os ansiosos, o uso de drogas e os transtornos de aprendizagem, também auxilia na melhoria dos sintomas. A hospitalização de curto prazo é outro recurso que pode ser utilizado com o objetivo de dar limite ao adolescente em casos de risco de agressão a pais ou autoagressão. Muitas vezes, a possibilidade de sanções legais através do Juizado da Infância e da Juventude e do Conselho Tutelar pode contribuir para o desencorajamento de comportamentos de conduta. Gostaria de ressaltar que a gravidade dos sintomas no transtorno de conduta, a negação ao tratamento pelo jovem, a inabilidade e a dificuldade de pais em aceitar e aderir às intervenções e indicações médicas, além da possibilidade de envolvimento com drogas e criminalidade, dificultam muito o tratamento.

Caso clínico

Bernardo é um adolescente de 15 anos de idade. Os pais me procuraram após encaminhamento da psicopedagoga do colégio em que estuda na cidade de Petrópolis, região serrana do Rio de Janeiro. Segundo eles me disseram, os problemas de Bernardo iniciaram na educação infantil. "Aos 8 anos de idade, ele já era muito agitado e muito briguento na escola, sempre tivemos dificuldade de impor regras e dar limites a ele", desabafou a mãe.

Transtorno de Conduta

O pai disse que alguns comportamentos do filho o preocuparam durante a infância, mas que se convenceu de que era algo normal da idade:

"*Doutor Gustavo, aos 12 anos de idade, Bernardo afogou o primo de 9 anos na piscina do clube, e naquele episódio percebi um certo sadismo no comportamento dele. Ele pareceu feliz com o fato de o primo ter sido hospitalizado por isso.*"

Com relação ao desempenho acadêmico, sempre fora ruim, e os pais afirmam que o jovem nunca se interessou ou se preocupou em estudar. O relacionamento com professores também era ruim e conflitante. "*Ele sempre se colocava na posição de vítima, se negava a fazer deveres escolares e desafiava a autoridade de professores e dos pais*", *informou a mãe.*

Ainda segundo os pais, nos últimos anos os problemas aumentaram muito. Bernardo ficou mais agressivo e passou a executar atos de bullying contra diversos alunos. Na semana anterior à que tinham vindo a meu encontro, ameaçou a professora de história com um estilete, após a mesma ter flagrado o aluno falsifi-

cando a assinatura dos pais em um comunicado escolar de advertência por ter desrespeitado outro funcionário da escola e por fugir do colégio durante o recreio.

CAPÍTULO 6

Transtorno de Déficit de Atenção/ Hiperatividade

O transtorno de déficit de atenção/hiperatividade (TDAH) é um dos transtornos comportamentais com maior incidência na infância e na adolescência. Pesquisas realizadas em diversos países revelam que ele está presente em cerca de 5% da população em idade escolar. Trata-se de uma síndrome clínica caracterizada basicamente pela tríade sintomatológica: déficit de atenção, hiperatividade e impulsividade, mas não há a necessidade de que os três sintomas estejam presentes simultaneamente.

Comportamentos característicos de crianças e adolescentes com TDAH incluem dificuldade em focar em um único objeto, fácil distração e agir como estando no mundo da lua. Além disso, os portadores de TDAH podem não terminar seus deveres de casa, apresentando grande dificuldade em se organizar, e frequentemente perdem seus materiais escolares, chaves, dinheiro ou brinquedos.

A criança pode se apresentar inquieta, não conseguindo permanecer sentada, abandonando sua cadeira em sala de aula ou durante o almoço de família. Está sempre a mil por hora ou como se estivesse "ligado em uma tomada de 220v", fala em demasia e dificilmente brinca silenciosamente; estão sempre gritando e são muito impulsivos. Os pacientes com esse diagnóstico apresentam prejuízos no desempenho acadêmico e social, pelos fatores apresentados logo anteriormente.

O diagnóstico do TDAH é essencialmente clínico. Não existem exames laboratoriais ou de imagem que o façam. A investigação do TDAH envolve detalhado estudo clínico por meio de avaliação com os pais, com a criança e com a escola. Escalas de avaliação padronizadas para pais e professores podem ser utilizadas. A avaliação com os pais deve abranger uma história detalhada de todo o desenvolvimento da criança ou do adolescente, contendo fatos de desde a história gestacional da mãe até os dias atuais.

Por fim, deve haver claro prejuízo no funcionamento social, acadêmico ou ocupacional da criança ou do adolescente. Sem prejuízo, não há o diagnóstico do transtorno.

Crianças com TDAH não diagnosticadas e não tratadas apresentam uma série de prejuízos no decorrer dos anos. Inicialmente, ocorre baixo rendimento escolar, a criança não consegue acompanhar sua turma, sendo muitas vezes até reprovada. Perda da autoestima, tristeza, falta de motivação nos estudos e prejuízos nos relacionamentos sociais podem desencadear episódios depressivos graves. Durante a adolescência, os danos acadêmicos e sociais acarretados podem facilitar abandono de escola ou de faculdade, ou propiciar o início do uso abusivo de drogas e álcool. Possivelmente esses jovens se tornarão adultos inseguros, pouco habilidosos socialmente, com menos anos de educação, trabalhando nos piores empregos e com maiores dificuldades de serem absorvidos pelo mercado de trabalho.

TDAH na escola:

❏ Deixa de prestar atenção a detalhes ou comete erros por descuido em atividades.

- ❏ Tem dificuldade para manter a atenção em tarefas ou atividades lúdicas.
- ❏ Parece não escutar quando lhe dirigem a palavra.
- ❏ Não segue instruções e não termina seus deveres escolares.Tem dificuldade para organizar tarefas e atividades.
- ❏ Evita, antipatiza ou reluta em envolver-se em atividades que exijam esforço mental constante (como tarefas escolares ou deveres de casa).
- ❏ Perde coisas necessárias para tarefas ou atividades (por exemplo: brinquedos, lápis, livros, etc.).
- ❏ É facilmente distraído por estímulos alheios à tarefa.
- ❏ Apresenta esquecimento em atividades diárias.
- ❏ Agita as mãos ou os pés, ou se remexe na cadeira.
- ❏ Abandona sua cadeira em sala de aula ou em outras situações nas quais se espera que permaneça sentado.
- ❏ Corre ou escala em demasia, em situações nas quais fazer isso é inapropriado (em adolescentes e adultos pode estar limitado a sensações subjetivas de inquietação).
- ❏ Tem dificuldade para brincar ou se envolver silenciosamente em atividades de lazer
- ❏ Fica "a mil" ou muitas vezes age como se estivesse "a todo vapor".
- ❏ Fala muito.

- Dá respostas precipitadas antes de as perguntas terem sido completadas.
- Tem dificuldade para aguardar a vez.
- Interrompe ou se mete em assuntos dos outros (por exemplo: intromete-se em conversas ou brincadeiras).

Quais são as causas?

As causas do TDAH ainda não estão bem-estabelecidas. Acredita-se em uma origem multifatorial, sendo que o fator mais importante é a herança genética. Muitas crianças com TDAH possuem familiares (pais, tios, avós, irmãos) com o mesmo diagnóstico. A incidência pode chegar até dez vezes mais em famílias de crianças com TDAH quando comparadas à população em geral. Alguns estudos relacionam a herança genética a genes do receptor e transportador da dopamina, substância que realiza, juntamente com outras substâncias, a comunicação entre os neurônios. Filhos de pais hiperativos possuem maior chance de terem o transtorno, assim como irmãos de crianças hiperativas possuem até duas vezes mais chances de apresentarem o diagnóstico quando comparados com irmãos sem o transtorno. Estudos já demonstram que os cérebros de crianças com TDAH funcionam diferentemente das que não o têm. Essas crianças apresentam um desequilíbrio de substâncias químicas que ajudam o cérebro a regular o comportamento. Estudos neuropsicológicos sugerem alterações no córtex pré-frontal e de estruturas subcorticais do cérebro. Prejuízos nos testes de atenção, aquisição e função executiva sugerem também um déficit do comportamento inibitório e de funções executivas.

Algumas pesquisas científicas identificam nos exames de neuroimagem uma diminuição do fluxo sanguíneo cerebral e das taxas metabólicas em regiões dos lobos frontais de crianças com TDAH. Isso tudo, porém, está em caráter experimental e ainda não tem validade clínica comprovada.

Complicações durante a gravidez ou o parto que resultem em danos ao cérebro do bebê, como traumatismos, intoxicações e infecções, estão hipoteticamente relacionadas ao TDAH. Basicamente pode-se dizer que qualquer alteração no cérebro em desenvolvimento poderia predispor a comportamentos relacionados com o transtorno no futuro.

O estilo de criação parental não causa TDAH. Entretanto, alguns estudos suspeitam de que crianças criadas em ambientes domésticos caóticos, vítimas de negligência, abandono ou maus-tratos poderiam apresentar prejuízo na maturação do sistema nervoso central, interferindo na organização neuronal e na formação desse cérebro em desenvolvimento. Dessa forma, essas alterações cerebrais poderiam levar aos sintomas de TDAH.

Faz-se muito importante ressaltar que, à luz da ciência, não existem estudos que comprovem teorias que liguem o surgimento do TDAH a dietas, aditivos alimentares, açúcares ou problemas ortomoleculares que justifiquem a necessidade de nutrientes especiais, vitaminas ou dietas restritivas. Sendo assim, alimentos não causam TDAH, assim como dietas especiais não são opções de tratamento de um problema comportamental de origem caracteristicamente genética.

O que fazer?

O tratamento do TDAH deve envolver uma abordagem multidisciplinar associando o uso de medicamentos a intervenções psicoeducativas e psicoterapêuticas.

As medicações de primeira escolha para o TDAH são os estimulantes. Trata-se de fármacos seguros, eficientes, muito bem-tolerados pelos pacientes e sem riscos de dependência química.

O medicamento estimulante é rapidamente absorvido após a ingestão oral e age no cérebro aumentando as concentrações de dopamina e noradrenalina, dois neurotransmissores com pouca incidência em regiões específicas do cérebro de portadores do TDAH. O medicamento tem um início de ação rápido, pois cerca de trinta minutos após a administração o portador já é capaz de perceber os efeitos da substância: melhoria da capacidade atencional, diminuição do comportamento hiperativo, da inquietação, da agitação e da impulsividade.

As intervenções psicoeducativas estão relacionadas com a educação e a aprendizagem de pais, professores e paciente acerca do transtorno. Materiais didáticos, folders e livros devem ser oferecidos, e programas de treinamento para pais e professores podem ser desenvolvidos para ensiná-los a lidar com o transtorno.

Mudanças simples na rotina da criança ou do adolescente, como sentar em carteiras próximas ao quadro negro e longe de janelas, ajudam a fazer com que o aluno tenha atenção mais facilmente. A determinação de rotinas de estudo, com horários predeterminados e combinados com a criança, tal como a aplicação de pausas regulares durante o estudo, associadas a ambientes silenciosos, longe de estímulos visuais como brinquedos, televisão, rádio, telefone ou materiais escolares que não o de estudo naquele momento, podem auxiliar muito na melhoria do rendimento escolar.

A terapia cognitivo-comportamental pode ajudar a criança no controle de sua agressividade, auxiliar a modular seu comportamento social, ensinar estratégias de solução de problemas, controle da impulsividade e na regulação de sua atenção. A terapia cognitivo-comportamental também deve ser utilizada sempre que transtornos associados, como depressão ou transtornos ansiosos, estejam presentes.

Uma intervenção importante é realizada pelos grupos de apoio aos familiares e portadores de TDAH. O objetivo deles é ajudar na vida de familiares e portadores ao oferecer informação sobre o transtorno, além de suporte emocional. Médicos, psicólogos, terapeutas familiares, fonoaudiólogos, psicopedagogos e demais profissionais de saúde mental também participam dos encontros e reuniões.

O objetivo desses encontros é dividir experiências, conhecimentos, criando, assim, uma rede de apoio social. Dessa forma, pais e familiares de diversas crianças e adolescentes que apresentam o mesmo transtorno comportamental têm a oportunidade de conversar entre si. Assim, terão a chance de trocar experiências, receber apoio e informação para entender melhor o que ocorre com os próprios filhos.

Inicialmente criados nos Estados Unidos, esses grupos de apoio aos pais e familiares inspiraram a criação de diversos grupos no Brasil, como a Associação Brasileira do Déficit de Atenção (ABDA), considerada a maior organização brasileira de portadores, familiares e profissionais da educação e da saúde mental comprometidos com o transtorno de déficit de atenção/hiperatividade.

Caso clínico

Carta escrita por uma mãe:
"Dr. Gustavo, eu não consigo falar com o Felipe. Ele não para quieto, não para nem pra comer. Fica se remexendo na cadeira, pulando, gritando. Sempre a mil por hora e só 'desliga a

bateria' quando dorme. Já fui chamada na escola três vezes este mês. Ele não presta atenção em nada, e seu rendimento acadêmico está péssimo. Eu já botei de castigo, bati, gritei, tirei a televisão e o videogame do quarto... Nada funciona. E, ainda por cima, tem gente que diz que é a mãe que não sabe dar educação ao filho!"

Dicas aos professores

- Crie agenda escola-casa (comunicação entre pais e professores).
- Faça o aluno se sentar na frente na sala de aula, longe de janelas e próximo ao professor.
- Agende disciplinas mais difíceis no início das aulas (enquanto os alunos estão mais descansados e atentos).
- Estipule pequenas pausas regulares a cada quarenta minutos de aula.
- Ordens devem ser dadas de maneira objetiva e breve para facilitar o entendimento do aluno.
- Ensine técnicas de organização e estudo.
- Permita tempo extra para que esse aluno possa responder com atenção às perguntas.

- Estimule e reforce positivamente atitudes assertivas através de elogios.
- Questione o aluno sobre dúvidas em sala de aula.
- Convide o aluno a apagar o quadro-negro, para reduzir a inquietação.

Dicas aos alunos

- Faça perguntas ao professor sempre que tiver dúvidas.
- Divida trabalhos grandes em várias partes.
- Crie uma agenda de compromissos.
- Faça uma lista de suas atividades diárias e seus respectivos horários.
- Mantenha uma rotina diária de estudo, com horários preestabelecidos.
- Leia sobre o TDAH para conhecer e entender melhor esse transtorno.

CAPÍTULO 7

DROGAS

O consumo de drogas é um fenômeno mundial e deve ser encarado como um grave problema de saúde pública em todo o mundo. Trata-se de um grande desafio aos pais, médicos, educadores e à sociedade de um modo geral.

Os estudos epidemiológicos sobre álcool e outras drogas evidenciam um crescimento assustador do consumo dos mesmos nas últimas décadas, sendo que os jovens têm tido suas primeiras experiências cada vez mais precocemente, ocorrendo normalmente na passagem da infância para a adolescência.

Para termos uma ideia, o diagnóstico de abuso de álcool e de drogas entre adolescentes americanos cresceu de 3% para 10% nos últimos dez anos, o consumo de maconha triplicou entre estudantes com 14 anos de idade e dobrou entre os jovens com 17 anos ao longo das últimas décadas. De um modo geral, diferentes estudos revelam que cerca de 10% a 16% dos adolescentes apresentam algum problema com álcool ou outras drogas.

São raros os jovens que atravessam a adolescência sem serem expostos às drogas; trata-se de um "fenômeno da juventude". Na prática, o início ocorre com o uso de cigarro e a bebida de vinho e cerveja (drogas legalmente liberadas ao consumo, socialmente aceitas e de fácil acesso); posteriormente, vem o uso da maconha, e logo a seguir a cocaína, o êxtase, o crack e a heroína, entre outras.

Jovens sob efeito de drogas apresentam desinibição comportamental, perda do juízo crítico e de reflexos motores, fatos que colaboram para que algumas das principais causas de mortes entre adolescentes — como acidentes automobilísticos, suicídio, afogamentos e mortes por arma de fogo — estejam relacionadas em quase metade dos casos ao consumo recente de bebidas alcoólicas ou outras drogas.

Quais são os sinais de alerta?

Alguns sinais de alerta a pais e professores podem auxiliar na identificação de comportamentos relacionados ao uso de álcool e drogas. Mudanças de personalidade e de humor, irritabilidade, quebra de regras, brigas frequentes com pais, comportamento irresponsável acompanhado de falta de motivação para as atividades e baixa autoestima costumam ser observados em adolescentes que se iniciam no uso das drogas.

Na escola pode haver perda de interesse, queda de rendimento escolar, atitude negativista, atrasos e faltas injustificáveis, problemas de disciplina, envolvimento com colegas usuários de drogas, grande mudança na aparência física, nas vestimentas e na apresentação pessoal. Alguns sintomas físicos também podem estar presentes, como fadiga, problemas de sono, dores de cabeça, enjoos e mal-estar.

Drogas na escola

❏ Queda do rendimento acadêmico.
❏ Irritabilidade.
❏ Quebra de regras.
❏ Brigas com professores.

- ❑ Indisciplina.
- ❑ Atrasos e faltas injustificáveis.
- ❑ Envolvimento com colegas usuários de drogas.
- ❑ Grande mudança na apresentação pessoal.
- ❑ Fadiga, sonolência, dores de cabeça e mal-estar.

Quais são os fatores de risco?

Dificilmente um único fator de risco levará o jovem ao transtorno por uso de álcool e drogas. Na verdade, o uso de drogas está relacionado a uma série de características, sendo que a quanto mais fatores de risco este jovem estiver exposto, maiores serão suas chances de envolvimento problemático com tais substâncias.

Costumo fazer uma analogia com uma balança de dois pratos. De um lado da balança colocamos os fatores de risco e do outro os fatores de proteção. Um jovem se tornará dependente químico de determinada droga se a quantidade de fatores de risco se sobrepor aos fatores de proteção. Dessa forma, o trabalho preventivo realizado por pais e educadores será o de aumentar ao máximo os fatores de proteção.

Muitas vezes a herança genética desempenha um importante papel no surgimento e na manutenção desse problema. Filhos de pais alcoólatras apresentam até quatro vezes mais chances de se tornarem usuários crônicos de álcool quando comparados com filhos de não alcoólatras. Quando investigamos a história familiar de uma criança ou um adolescente, comumente observamos a existência de familiares que vivenciam ou já vivenciaram problemas com álcool ou outras drogas.

Fatores ambientais, como eventos de vida estressantes, inserção em lares desestruturados e violentos, divórcio dos pais, abuso físico, emocional e sexual, pouca atenção paterna e falta de vínculos afetivos entre familiares, aumentam consideravelmente as chances de alguém de se tornar usuário de drogas.

A adolescência por si só representa uma fase problemática, facilitando assim o consumo de drogas. Nessa etapa da vida, o jovem passa por grandes modificações físicas e comportamentais. Está criando a própria identidade, a personalidade, e se identifica mais com o grupo de amigos, estando também mais apto a novas experiências, novos desafios, não aceitando mais passivamente ordens e orientações de seus pais.

Características de temperamento e personalidade também podem influenciar no aumento do risco de envolvimento com drogas. Por exemplo, crianças e adolescentes excessivamente tímidos, retraídos, impopulares e que não conseguem se destacar nos esportes ou nos estudos apresentam mais chances de usarem drogas.

A influência de modismos representa outro fator de risco importante. Jovens são "induzidos" pelo poder da mídia e da própria sociedade a achar que o consumo de álcool é bom. As tradicionais festas de 15 anos, o carnaval, jogos de futebol e grandes confraternizações de jovens são convites para o consumo alcoólico, na grande maioria das vezes legitimado por pais e familiares.

Outras características comportamentais comumente encontradas em jovens com risco de usar drogas incluem impulsividade, agressividade, níveis baixos de evitação de perigo, menor religiosidade e presença de psicopatologias.

A precocidade da experimentação de álcool e de outras drogas pode representar também um aumento do risco de transtornos ligados ao uso de substâncias. Estudos revelam que as chances de envolvimento problemático com drogas aumentam muito quando a experimentação acontece antes dos 15 anos de idade. Dessa forma, quanto mais tarde o jovem experimenta a droga, mais protegido seu cérebro estará e menores serão as chances de um problema mais sério se instalar no futuro.

Fatores de risco ao uso de drogas

- Ambiente doméstico violento.
- Pais usuários de álcool e outras drogas.
- Negligência e falta de envolvimento parental.
- Pais permissivos.
- Falta de vínculos afetivos.
- Baixo desempenho acadêmico.
- Baixo desempenho social.
- Amizade com usuários de drogas.
- Amizade com jovens agressivos.
- Comportamento delinquencial.
- Presença de psicopatologias.
- Temperamento impulsivo.
- Precocidade da experimentação.
- Baixa autoestima.

Transtornos associados?

A presença de outros transtornos psiquiátricos associados à dependência química é muito comum.

Aproximadamente 89% dos adolescentes que fazem uso de drogas apresentam outro diagnóstico psiquiátrico associado, sendo os principais: transtorno de conduta, transtorno desafiador opositivo, transtorno de déficit de atenção/hiperatividade, depressão, transtornos ansiosos, esquizofrenia e o transtorno bipolar do humor.

O transtorno de conduta e o desafiador opositivo, por exemplo, aumentam muito o risco do uso de drogas, sendo que adolescentes que fazem um uso problemático preenchem critérios para o transtorno de conduta em até 80% dos casos. Episódios depressivos frequentemente precedem o uso de drogas na adolescência, e muitos jovens que cometem suicídio estão sob influência de álcool ou drogas no momento da tentativa.

Prevenção na escola

O trabalho de prevenção do uso de álcool e drogas na escola é de essencial importância, visto que a experimentação, na maioria das vezes, ocorre com colegas de sala de aula, dentro do ambiente escolar. Vale ressaltar que um programa antidrogas deve ter um caráter permanente. Isso significa que abordar o assunto apenas em situações pontuais não surte efeito preventivo algum. Esse trabalho deve ser realizado continuamente e o tema precisa ser abordado no dia a dia.

Programas educacionais criados para aumentar o conhecimento sobre os efeitos das drogas no organismo e suas possíveis consequências devem ser desenvolvidos nas escolas e nas comunidades de um modo geral. Debates, conferências, palestras e encontros com pais e alunos podem ser estimulados.

Os professores podem abordar o assunto "drogas" dentro das próprias disciplinas. Por exemplo: os professores de história podem apresentar aulas sobre a Guerra do Ópio na China ou as mortes de personalidades contemporâneas importantes em nosso país devido ao uso de drogas. Em ciências e biologia, os efeitos nocivos dessas substâncias no cérebro humano e suas interferências em todo o organismo. Em geografia, pode-se estudar a relação entre regiões de tráfico de drogas e a violência, ou cidades e regiões de produção e consumo. Em matemática, pode-se discutir o gasto financeiro do consumo diário de cigarros, álcool ou cocaína, e em português, ser feita a análise de textos sobre o tema. Enfim, existem inúmeras maneiras de se levar o assunto "drogas" para a pauta escolar e abordá-lo. Algumas instituições de ensino em diversos países, por exemplo, já trabalham com disciplinas escolares que tratam exclusivamente desse tema.

Algumas estratégias promissoras de prevenção utilizam treinamento de habilidades sociais nos jovens para enfrentamento de problemas e estratégias de recusa às drogas. Outro mecanismo de prevenção é a identificação de indivíduos com grande risco de consumo, sendo as crianças cujos pais são dependentes de drogas uma das populações de maior risco.

Dicas aos professores

- Apresente aulas sobre o tema.
- Debata os efeitos e as consequências do uso das drogas.
- Crie grupos de estudo.
- Solicite trabalhos abordando o tema.
- Promova debates, conferências e palestras.
- Estimule o aluno a questionar.
- Esclareça dúvidas.
- Traga o "mundo das drogas" para dentro de sua disciplina.

Prevenção em casa

Pesquisas demonstraram que um bom relacionamento entre pais e filhos é um importante fator de proteção em relação ao uso de drogas, e o envolvimento parental na compreensão e na conscientização relativas ao problema é de extrema importância para a prevenção. Nesse sentido, posso afirmar que uma das funções da família é dialogar, esclarecer dúvidas, ensinar limites e ajudar a criança ou o adolescente a lidar com frustrações. Crescendo em um ambiente acolhedor e com regras claras, os jovens tendem a se tornar mais seguros e menos aptos a se envolver com o uso de álcool e de outras drogas. Portanto, a palavra-chave é comunicação.

Outra consideração importante a ser feita é que grande parcela dos jovens inicia seu consumo alcoólico dentro do ambiente doméstico. É aquele filho que experimenta o primeiro copo de cerveja com o pai e posteriormente sairá para beber com o mesmo. Hoje sabemos que quanto mais precoce é o início do consumo, maiores serão as chances de um envolvimento problemático com o álcool e as drogas. Logo, nunca é demais afirmar que tal consumo é proibido para menores de 18 anos, e o exemplo de respeito às leis deve vir de casa.

> **Fatores de proteção ao uso de álcool e drogas**
>
> ❏ Rede de apoio familiar saudável.
> ❏ Boa relação entre pais e filhos.
> ❏ Adolescentes "amigos" dos pais.
> ❏ Monitoramento em vez de controle rígido e autoritário.
> ❏ Religiosidade.
> ❏ Boa autoestima.
> ❏ Ausência de transtornos comportamentais.
> ❏ Bom desempenho acadêmico.
> ❏ Evitação de amigos usuários de drogas.
> ❏ Boa rotina esportiva e acadêmica.
> ❏ Equilíbrio entre afeto e limite no ambiente doméstico.

O que fazer?

Quando o jovem já se tornou usuário ou dependente das drogas, o tratamento depende de diversos fatores, como o tipo ou os tipos de drogas utilizadas, a quantidade, o tempo e a frequência de uso, os prejuízos acarretados por ela e o grau de adesão do paciente e de sua família ao tratamento.

Internações de curto prazo podem ser realizadas a fim de se evitarem crises de abstinência ou episódios de recaídas, muito comuns no início do tratamento. Essa internação temporária para desintoxicação e formação de vínculo com os diversos profissionais envolvidos (médico psiquiatra, clínico geral, psicólogo, terapeutas em dependência química e de família) pode ser uma boa alternativa para o início do processo terapêutico, mas a decisão deverá ser tomada em conjunto com a equipe médica, que avaliará caso a caso.

A determinação do programa de tratamento junto ao paciente com a explicação científica do transtorno, suas implicações na saúde física e mental, os prejuízos sociais e acadêmicos acarretados e a formulação de metas a serem atingidas devem ser explicados com clareza, e é de fundamental importância para a adesão do jovem ao tratamento. Esse trabalho psicoeducativo na orientação de paciente, pais e familiares sobre o problema será fundamental para aumentar as chances de sucesso durante todo o processo. Transtornos comportamentais comumente associados ao uso de álcool e outras drogas devem ser devidamente identificados e tratados.

As principais modalidades terapêuticas utilizadas são: terapia cognitivo-comportamental, terapia familiar, terapia de grupo e técnicas de entrevista motivacional. Todas essas técnicas buscam o desenvolvimento de habilidades sociais que possam ajudar o paciente e sua família na solução de problemas e na prevenção de recaídas.

Grupos de autoajuda, como os Alcoólicos Anônimos e os Narcóticos Anônimos, podem ser de grande valia no tratamento, assim como os grupos de mútua ajuda para familiares de usuários de drogas. Esses grupos, desenvolvidos nos Estados Unidos em 1939, se baseiam no "Programa dos 12 passos" e utilizam técnicas que objetivam a abstinência total da droga.

A busca pela abstinência, a retomada dos estudos e do trabalho, o lazer, a prática esportiva, a formulação de planos para o futuro e a melhoria das relações interpessoais em família e no convívio social devem ser enfocados. Adolescentes abstinentes experimentam diminuição de conflitos interpessoais, melhora acadêmica e nos envolvimentos social e ocupacional.

A rede social formada pela família e pelos amigos não usuários de drogas é também de grande importância para reconstrução de relacionamentos saudáveis, apoiadores e para a prevenção de recaídas.

Caso clínico

Raquel é uma adolescente de 15 anos que avaliei no consultório. Seus pais procuraram ajuda após descobrir que a filha estava usando maconha com colegas da escola.

Segundo relato familiar, o comportamento de Raquel vinha se modificando no decorrer dos meses. "Dr. Gustavo, ela era atleta de handball da escola, se afastou do time e das amigas de sempre. Começou a andar com um grupo diferente de meninas, suas notas escolares despencaram, ficou agressiva e desinteressada pelos programas familiares aos fins de semana. A Raquel sai de casa no sábado pela manhã, não diz aonde vai e volta de madrugada. Ela se afastou de mim, não existe mais diálogo entre nós!", desabafou a mãe da estudante.

CAPÍTULO 8

DEPRESSÃO INFANTIL

Até pouco tempo atrás não se imaginava que um transtorno incrivelmente incapacitante e grave como a depressão pudesse acometer crianças e adolescentes. Foi quando conheci a pequena Fernanda. Com apenas 7 anos de idade, a criança foi trazida pela mãe, que relatou uma grande mudança, sem motivo aparente, no comportamento da filha nos últimos meses.

A alegria e a disposição de uma aluna feliz e entrosada fora trocada por tristeza, apatia e isolamento em sala de aula. Suas notas sofreram queda, e sua animada fala estava agora tênue e fraca. Seu prazer de viver havia sido trocado pela desesperança, e seu relato era de que não aguentava mais viver, que a vida havia perdido o sentido e que desejava morrer.

De fato, durante muito tempo acreditou-se que crianças e adolescentes não eram afetados pela depressão; entretanto, sabemos hoje que eles são tão suscetíveis ao transtorno como os adultos, e tal diagnóstico interfere de maneira significativa em sua vida diária e em suas relações sociais e acadêmicas.

A depressão infantil atinge aproximadamente 1% das crianças em idade pré-escolar, 2% das crianças em idade escolar e aumenta para 6% nos adolescentes. A distribuição entre os sexos é similar durante a infância, aumentando as taxas no sexo feminino em relação ao sexo masculino ao longo da adolescência.

Crianças e adolescentes com depressão apresentam-se frequentemente com tristeza, falta de motivação, solidão e humor deprimido; contudo é comumente observado um humor irritável ou instável. Esses jovens podem apresentar mudanças súbitas de comportamento com explosões de raiva, mostrando-se irritados, e podem envolver-se em brigas no ambiente escolar ou durante uma prática desportiva.

A criança pode apresentar dificuldade em se divertir, queixando-se de estar entediada ou "sem nada para fazer", e pode rejeitar o envolvimento com outras crianças, dando preferência a atividades solitárias.

Dentro da sala de aula ou no recreio, pode ser sinal de alerta a professores uma criança anteriormente bem-socializada e entrosada com o grupo e que passa a se isolar. A queda do desempenho acadêmico quase sempre acompanha o transtorno, porque crianças e adolescentes com depressão não conseguem se concentrar em sala de aula, há perda do interesse pelas atividades, falta de motivação, o pensamento e o raciocínio ficam lentos, e o resultado disso tudo é observado no boletim escolar.

Queixas físicas, como cansaço, falta de energia, dores de cabeça ou dores de barriga, são comuns. Insônia, preocupações, sentimentos de culpa, baixa autoestima, choro excessivo, hipoatividade, fala em ritmo devagar e de forma monótona e monossilábica também ocorre em grande número de casos.

Os pensamentos recorrentes de morte, ideias e planejamento de suicídio podem estar presentes em todas as idades, e os atos suicidas tendem a ocorrer mais entre adolescentes. Sabemos que comportamentos de risco durante a adolescência são comuns; entretanto, estes podem se acentuar durante episódios depressivos, como a prática sexual promíscua e sem proteção e o abuso de álcool ou outras drogas.

Os transtornos associados à depressão estão presentes em entre 30% e 60% dos casos, sendo mais comuns os ansiosos, o de déficit de atenção/hiperatividade, o de conduta, o desafiador opositivo e o abuso de álcool ou de outras drogas.

O transtorno depressivo produz dificuldades sociais e acadêmicas que podem comprometer o desenvolvimento e o funcionamento social da criança ou do adolescente. Esses prejuízos podem repercutir durante toda a vida do estudante, principalmente se a depressão não for tratada corretamente. Provavelmente muitos episódios depressivos identificados em pacientes adultos são, na verdade, recorrentes de um transtorno depressivo iniciado na infância ou na adolescência.

Depressão na escola
- Queda do rendimento escolar.
- Irritabilidade.
- Impulsividade.
- Brigas.

- Isolamento em sala de aula e no recreio.
- Tristeza.
- Falta de motivação.
- Choro fácil.
- Fala monótona.
- Queixas físicas (dores de cabeça, dores musculares).
- Pensamentos recorrentes de morte.
- Sentimentos de culpa.

Quais são as causas?

As causas da depressão estão relacionadas com uma origem multifatorial. Influências genéticas, associadas a fatores bioquímicos, hormonais e ambientais, estão relacionadas ao transtorno.

Dados epidemiológicos revelam que a história de depressão na família é fator de risco para o diagnóstico, sendo que filhos de pais com depressão apresentam três vezes mais chances de desenvolver o transtorno durante a vida quando comparados a filhos de pais não depressivos.

Substâncias químicas do cérebro chamadas neurotransmissores também estariam alteradas em pacientes com depressão. Nesse caso, a principal hipótese está relacionada com o baixo aporte de serotonina e noradrenalina na fenda sináptica, área de comunicação entre as células nervosas.

Logo, vale ressaltar que estou falando de alterações de substâncias químicas no cérebro em nível celular, nos neurônios. Portanto, dosar serotonina no sangue ou através de testagens com fios de cabelo são grandes mitos, um absurdo, pois não é possível identificar sua diminuição através de exames.

Outro fator importante para o desencadeamento de episódios depressivos é o grau de estruturação familiar e o ambiente doméstico em que o jovem estudante está inserido. Crianças e adolescentes vivendo em lares hostis, desestruturados, com interações familiares estressantes, convivendo com pais agressivos ou negligentes, possuem maior chance de desenvolver um quadro depressivo.

Inversamente proporcional a isso é o fato de que interações familiares positivas podem apresentar uma função protetora para episódios depressivos na infância e na adolescência e colaboram para um funcionamento comportamental melhor desse estudante em desenvolvimento.

O que fazer?

O tratamento da depressão na infância e na adolescência envolve a associação de medicamentos antidepressivos, psicoterapia e psicoeducação para orientação de pais e professores.

Os antidepressivos mais utilizados são os inibidores seletivos da recaptação de serotonina, medicamentos eficientes, modernos, seguros, bem-tolerados pelos pacientes devido ao perfil leve de efeitos colaterais, e não possuem qualquer risco de dependência. Ressalto que quadros de depressão leve não requerem o apoio medicamentoso, enquanto quadros moderados a graves devem ser tratados com o uso desses medicamentos.

A terapia cognitivo-comportamental é recomendada para o tratamento de episódios depressivos em crianças e adolescentes. A ela pode ser associada a terapia familiar para auxiliar na reestruturação da família, que na grande maioria das vezes está comprometida.

O trabalho psicoeducativo com pais e professores será fundamental. Comumente nos deparamos com pessoas resistentes quanto ao diagnóstico e quanto à necessidade de tratamento da depressão.

Informar o jovem, seus familiares e professores sobre as características da doença, seus sintomas, prejuízos e consequências será fundamental para que uma rede de apoio social seja formada em benefício da criança ou do adolescente. Saber identificar e minimizar estressores ambientais faz parte do tratamento e será importante para a evolução positiva do quadro depressivo.

Na presença de outros transtornos comportamentais associados, como transtornos ansiosos, TDAH, transtorno desafiador opositivo e transtorno de conduta, estes também devem ser tratados.

Caso clínico

João, 16 anos de idade, estudante do segundo ano do ensino médio de uma escola particular no bairro do Recreio dos Bandeirantes, Rio de Janeiro.

O estudante me foi encaminhado pela coordenadora pedagógica da escola após identificar uma mudança repentina em seu comportamento. João, que sempre fora um aluno popular e com um desempenho acadêmico acima da média, teve uma queda significativa nas notas. Sua participação em sala de aula estava prejudicada, ele mostrava-se desinteressado, desatento e desmotivado. De atleta titular da equipe de futsal da escola, passou a faltar aos treinos justificando cansaço e se isolou do grupo de amigos no recreio. A coordenadora relatou: "Aquele aluno alegre e brincalhão não existe mais, tem chorado sozinho no recreio, não participa das aulas como antes."

Na entrevista com os pais, não foram identificados fatores domésticos e ambientais que estivessem interferindo em seu funcionamento e justificando sua mudança comportamental. Foi identificado histórico de depressão na família (pai e avô paterno).

Ao entrevistá-lo, João disse que se sentia culpado pelas dificuldades escolares, triste e desmotivado com tudo. "A vida tá cinza, sem graça, doutor. Está tudo ruim, sou um péssimo aluno, péssimo filho, não tenho amigos." Ao ser questionado diretamente, afirmou que havia tido uma ideia de suicídio uma semana atrás, disse que sua vida havia perdido o sentido, mas que não teria coragem de cometer o ato por medo e por amar os pais.

João realizou exames sanguíneos para afastar problemas hormonais que pudessem justificar suas alterações comportamentais, e decidimos por uma intervenção médica incluindo um medicamento antidepressivo, sessões de psicoterapia cognitivo-comportamental, orientação psicoeducacional à família e à escola e monitoramento quanto aos pensamentos recorrentes de morte e levam ao risco de suicídio.

Quatro meses após o início da terapêutica, João se sente muito melhor, nega pensamentos mórbidos, seu desempenho acadêmico melhorou, está entrosado com o grupo de amigos e veste novamente a braçadeira de capitão do time de futsal da escola!

CAPÍTULO 9

Transtorno bipolar do humor

O transtorno bipolar do humor na infância e na adolescência é uma condição comportamental grave com repercussões nos funcionamentos social e acadêmico de muitos estudantes brasileiros. Esse diagnóstico tem como característica principal a fase maníaca do transtorno, apresentando alterações ou oscilações de humor, que pode ficar exaltado ou irritável. Essa mudança súbita de humor comumente produz ataques prolongados de raiva ou agressividade, chamados de "tempestades comportamentais" ou irritabilidade explosiva. Também podem ocorrer oscilações com fases ou períodos de depressão, quando o estudante apresentará os sintomas clássicos da depressão infantil. Aliás, é comum encontrar o relato de um primeiro episódio depressivo na criança precedendo o surto maníaco.

As taxas de prevalência para o transtorno bipolar do humor estão em torno de 0,5% para a população infantojuvenil, e acredita-se que haja maior ocorrência entre os meninos, quando comparados com as meninas.

Durante as tempestades comportamentais ou irritabilidade explosiva, o jovem demonstra muita fúria, agressividade e impulsividade, normalmente repercutindo em violência física, destruição de objetos, brigas e agressões contra amigos e familiares. Seguindo essa linha de investigação de sintomas, a irritabilidade explosiva é um achado clínico que tem se mostrado como um dos possíveis marcadores dessa grave condição comportamental. Esse temperamento agressivo também provoca piora dos sintomas opositivos e desafiadores, que com frequência estão presentes em crianças e adolescentes.

Na escola é observada piora no desempenho acadêmico, acompanhada de grande dificuldade de concentração, de hiperatividade, agressividade, labilidade afetiva, com rápidas mudanças de humor, autoestima aumentada, excitabilidade, hipersexualidade, presença de piadas e diálogos de caráter sexual ou desejos de realização do ato ocorrendo com grande inadequação na maneira de agir e pensar. Alguns pacientes relatam que não conseguem fazer coisa alguma devido a pensamentos que não param de "correr em suas mentes". Há conflito de ideias, insônia, envolvimento excessivo em atividades prazerosas que apresentam potencial elevado de consequências negativas, como abuso de álcool e de outras drogas, além da prática sexual promíscua e sem proteção.

Pensamentos mágicos com ideias de grandeza, riqueza ou poder podem estar presentes. Alguns estudantes relatam que são tomados por uma sensação de estarem muito cheios de energia, se considerando invencíveis, poderosos e se considerando aptos a discutir de igual para igual com pais, professores ou qualquer adulto.

Quando investigamos crianças e adolescentes com o transtorno bipolar do humor, é comum identificar queixas de que o jovem se sente triste por brigar constantemente com outras pessoas, principalmente nas fases em que se considera mais irritado e agitado.

O transtorno bipolar na infância e na adolescência pode ser confundido com outros transtornos psiquiátricos, como o transtorno de déficit de atenção/hiperatividade, devido à possibilidade de hiperatividade e agitação psicomotora, presente em ambos os casos. No entanto, no transtorno de déficit de atenção/hiperatividade não há um severo comprometimento do humor, e os acessos de raiva não são tão violentos e agressivos.

A utilização de determinados medicamentos, como corticoides, ou o abuso de drogas, como a cocaína, as anfetaminas e o êxtase, podem simular um surto maníaco e essas hipóteses devem ser afastadas por meio de avaliação psiquiátrica e testagem para drogas. Transtornos ansiosos também devem ser afastados para se fazer o diagnóstico do transtorno bipolar do humor.

O curso da doença tende a ser crônico, sendo que aproximadamente 20% a 40% dos pacientes adultos com esse diagnóstico apresentaram os primeiros sintomas ainda na infância.

Vale ressaltar que o grupo de estudo da Associação Psiquiátrica Americana, que publicará nos próximos anos a quinta edição do *Manual Diagnóstico e Estatístico de Transtornos Mentais*, orienta que o diagnóstico de transtorno bipolar do humor na infância seja realizado apenas se um episódio claro e rico em sintomas tenha sido identificado. Caso contrário, a orientação é que seja dado o diagnóstico de transtorno da desregulação do temperamento.

Transtorno bipolar na escola

- Mudanças súbitas de humor.
- Dificuldade nos relacionamentos.
- Euforia.
- Autoestima aumentada.
- Hipersexualidade.
- Grandiosidade.
- Pensamento e fala acelerados.
- Distração.
- Agitação.
- Inquietação.
- Necessidade de "aparecer e ser o centro das atenções".
- Irritabilidade explosiva.
- Instabilidade emocional.
- Agressividade e acessos de raiva.

Quais são as causas?

Não existe uma causa específica para o surgimento do transtorno bipolar do humor; entretanto, as principais hipóteses relacionam fatores genéticos a alterações químicas no cérebro dessas crianças, como, por exemplo, o aumento de substâncias chamadas noradrenalina e dopamina. Assim, filhos de pais com esse diagnóstico apresentam maiores chances de desenvolver o transtorno quando comparadas com crianças sem esse histórico.

Outra questão importante são os fatores ambientais que parecem participar como "gatilhos" ao transtorno bipolar por potencializar essas vulnerabilidades genéticas. Isso significa que estudantes que possuam componentes genéticos para o transtorno terão maior risco de desenvolver a doença se expostos a estressores ambientais, como violência doméstica, agressividade e negligência parental. Além disso, esses fatores ambientais podem potencializar a doença e também interferir no prognóstico ao longo do tempo, piorando sintomas.

O que fazer?

Estabelecido o diagnóstico do transtorno bipolar, o tratamento é iniciado com uma intervenção farmacológica que envolve a utilização de medicamentos estabilizadores do humor, como o carbonato de lítio, a carbamazepina, o ácido valproico, a oxcarbazepina, a lamotrigina e o topiramato. Outros medicamentos utilizados na fase maníaca do transtorno são os neurolépticos — risperidona, quetiapina e haloperidol. Na maioria dos casos, a utilização da medicação estabilizadora do humor deve ocorrer de maneira contínua; dessa forma, pode-se evitar recaídas e a volta dos sintomas comumente observados durante o curso natural do transtorno.

Internações de curto prazo podem ser necessárias nos casos graves em que houver muita agressão física da criança ou do adolescente contra pais e familiares ou em casos de risco de autoagressão e suicídio.

A terapia cognitivo-comportamental é a indicada e deverá ser aplicada nesse estudante, além da terapia familiar, pois o apoio psicológico será fundamental para todos os envolvidos com a criança ou o adolescente.

A orientação da escola também será necessária, e a participação de professores e orientadores pedagógicos se fará muito importante para o sucesso do tratamento. A escola deve participar do tratamento, conhecendo o problema, ajudando o aluno em possíveis necessidades educacionais especiais, trabalhando estratégias de controle de comportamentos agressivos e impulsivos eventuais, estimulando a socialização e a adequação comportamental do estudante em sala de aula e no recreio escolar.

O tratamento psicossocial será fundamental e deve ser iniciado com um bom trabalho psicoeducacional envolvendo paciente, pais, familiares e escola. Informações sobre os sintomas do transtorno, as características, a evolução, os riscos e a importância da manutenção do tratamento serão muito importantes para o sucesso da intervenção terapêutica. Uma associação brasileira sem fins lucrativos merece todo o destaque pelo belo trabalho psicoeducacional de orientação a familiares e portadores de transtornos do humor, a ABRATA (Associação Brasileira de Familiares, Amigos e Portadores de Transtornos Afetivos).

Caso clínico

Artur tem 9 anos de idade e é um estudante do quarto ano do ensino fundamental de uma escola de Jacarepaguá, Rio de Janeiro. Os pais chegaram a meu consultório muito preocupados com o comportamento dele. A principal queixa era a irritabilidade demonstrada nos últimos três meses:

"Ele está muito agressivo comigo, Dr. Gustavo. Na última semana, destruiu a televisão de LCD de seu quarto, pois ele havia morrido no jogo de videogame", explicou a mãe.

Os pais informaram que o filho sempre teve um temperamento forte, com altos e baixos de humor, que é facilmente irritável, impulsivo, e que nas últimas semanas vinha dormindo por apenas quatro horas diárias.

Segundo relato da escola, Artur agrediu violentamente um aluno que havia recusado o empréstimo de uma bola de futebol durante o recreio. Antes da consulta, ele tinha perseguido uma aluna pelo pátio, dizendo que queria transar com ela.

Existe história de um tio paterno com transtorno bipolar, um primo paterno em tratamento para transtorno de déficit de atenção/hiperatividade, e sua mãe e sua tia materna fazem tratamento para depressão.

Após intensa investigação clínica, foi iniciada medicação estabilizadora do humor, e Artur iniciou acompanhamento psicológico cognitivo-comportamental. Seus pais e escola receberam orientação psicoeducacional e aprenderam estratégias para ajudar o pequeno Artur.

CAPÍTULO 10

SUICÍDIO E COMPORTAMENTO SUICIDA

O comportamento suicida é uma manifestação prevalente entre crianças e adolescentes de todo o mundo e pode ser definido como toda preocupação ou todo ato em que o indivíduo tem a intenção de causar lesão ou morte a si mesmo. Para se ter uma ideia da dimensão desse fenômeno, o suicídio está entre as dez principais causas de morte em todo o mundo e entre as três primeiras quando se considera a faixa etária entre 10 e 19 anos de idade, atrás apenas de acidentes e homicídios. Nas crianças entre 5 e 14 anos de idade, o suicídio é a quinta causa de morte, após acidentes, câncer, anormalidades congênitas e homicídio.

Recentes estudos epidemiológicos realizados com estudantes do ensino médio indicam que cerca de 14% dos jovens já pensaram em suicídio e que metade deles realizou pelo menos uma tentativa nos últimos anos.

Crianças com pensamento suicida são três vezes mais propensas a se matar na adolescência do que as que não têm essa ideia, e aquelas que tentaram o suicídio na infância apresentam seis vezes mais chances de tentar novamente durante a adolescência, quando comparadas com crianças que nunca tentaram.

Mais jovens do sexo feminino pensam em e executam tentativas de suicídio, mas são os adolescentes do sexo masculino que se matam com mais frequência. Um dos motivos se deve ao fato de que as tentativas entre os meninos tendem a ser mais agressivas, como por meio do uso de armas de fogo, facas ou de enforcamento, enquanto mulheres tendem a abusar de medicamentos ou venenos.

As armas de fogo foram responsáveis por mais de 40% das mortes por suicídio entre jovens nas últimas décadas, e nesses casos grande parte também fez uso abusivo de álcool momentos antes do ato.

> **Suicídio na escola**
> - Ser vítima de comportamento bullying.
> - Tentativa de suicídio anterior.
> - Existência de arma de fogo em casa.
> - Transtorno depressivo.
> - Transtorno bipolar do humor.
> - Transtornos ansiosos.
> - Alcoolismo.
> - Uso de drogas.
> - Perda dos pais na infância.
> - Instabilidade familiar.
> - Violência doméstica.
> - Rede de apoio familiar não disponível.
> - Ser vítima de abuso sexual.

Quais são as causas?

As causas do comportamento suicida não estão bem-estabelecidas, mas fatores genéticos e alterações de substâncias químicas no cérebro podem estar relacionados às causas desse comportamento.

Jovens com transtornos comportamentais como depressão, transtorno bipolar, transtornos ansiosos, transtorno de conduta, esquizofrenia, uso de drogas e alcoolismo apresentam índices mais elevados de tentativa de suicídio. Dentre esses fatores, o principal prenúncio para o comportamento suicida na adolescência parece ser o transtorno depressivo, principalmente quando o primeiro episódio ocorre antes dos 20 anos de idade. Um recente estudo identificou que em cerca de 60% dos suicídios envolvendo adolescentes existia uma história de transtorno depressivo no período da morte.

Eventos de vida estressantes, principalmente antes dos 16 anos de idade, também podem contribuir para o comportamento suicida, como morte dos pais, instabilidade familiar e violência doméstica, tal como história de depressão ou suicídio na família e traços de personalidade com grande impulsividade, agressividade e labilidade do humor.

O que fazer?

O tratamento efetivo das condições ou dos fatores de risco relacionados com o comportamento suicida é a medida-chave para a prevenção do mesmo em crianças e adolescentes.

Os transtornos comportamentais, principalmente a depressão infantojuvenil, devem ser corretamente tratados quando identificados. O tratamento deverá abordar concomitantemente o trabalho de informação psicoeducacional, envolvendo o paciente, sua família, a escola e toda a malha de apoio social em que este jovem estiver inserido.

Uma vez que comportamentos suicidas estão intimamente relacionados com ambientes familiares desestruturados, a terapia familiar é uma ferramenta importante na prevenção do ato fatal. Outra técnica muito utilizada é a terapia cognitivo-comportamental, segundo a qual cognições disfuncionais e comportamentos impulsivos do jovem podem ser tratados.

Nos casos agudos de tentativa de suicídio, a internação hospitalar é sempre indicada, mesmo quando não há risco iminente de vida pela tentativa. O objetivo, nesses casos, é investigar as causas e os fatores de risco que levaram ao ato e facilitar o vínculo e a adesão do jovem ao tratamento.

Gostaria de elogiar o belo trabalho de apoio realizado pelo Centro de Valorização da Vida (CVV). Trata-se de uma organização não governamental fundada em 1962 e que conta com cerca de 2.500 voluntários, divididos em 48 postos distribuídos pelo Brasil. Seu trabalho é oferecer apoio emocional e prevenir o suicídio por meio de contato telefônico, chat e e-mail, ou pessoalmente nos postos espalhados pelo país.

Caso clínico

André é um garoto de 14 anos de idade, estudante de uma escola particular na cidade de Niterói. Seus pais procuraram minha ajuda após encontrarem uma carta de despedida escrita pelo jovem e deixada em seu quarto, em cima da mesa do computador:

"André, 15 de abril, domingo.

Pai, mãe, me desculpe.

Sei que não deveria fazer isso, mas é a única saída. Me desculpe, me desculpe.

Tá tudo complicado na escola, minhas notas também. Tô infeliz, ninguém lá gosta de mim e sou a piada da escola.

A vida tá muito barra pesada, sou o mais burro da escola, o mais fraco e não tenho nenhum amigo.

Muita dor, muita dor... me perdoe mãe e pai. André."

Felizmente, os pais de André encontraram a carta antes que o jovem realizasse o ato suici-

da. Durante a investigação clínica, ficaram evidentes os sintomas de um episódio depressivo grave. A intervenção clínica baseou-se no uso de uma medicação antidepressiva, associado a sessões de psicoterapia cognitivo-comportamental, além de orientações psicoeducativas à família e à escola sobre depressão e suicídio na adolescência.

Após nove meses de tratamento clínico, os sintomas depressivos desapareceram, os funcionamentos acadêmico e social dele estão ótimos, e a medicação foi suspensa. André continua fazendo ao tratamento e participando de sessões semanais de psicoterapia cognitivo-comportamental. Ele terá alta da terapia em breve.

CAPÍTULO 11

TRANSTORNOS ANSIOSOS

Os transtornos ansiosos compreendem condições comportamentais diferentes entre si, mas comumente provocam sensações subjetivas de desconforto, inquietação, ansiedade, além de desencadear sintomas somáticos como sudorese, boca seca, taquicardia (coração acelerado) e nervosismo, dentre outros sintomas.

O desenvolvimento de transtornos ansiosos em crianças e adolescentes é resultado da interação de múltiplos fatores, como herança genética, grau de ansiedade paterna, temperamento, tipo de relação com os pais e estilo de criação oferecido por eles, além das próprias experiências vivenciadas pela criança. Eventos traumáticos — a morte de um parente querido, a própria observação do comportamento ansioso dos pais ou o fato de assistirem a situações ansiogênicas no noticiário da televisão, por exemplo — podem contribuir para o desencadeamento desses transtornos na infância e na adolescência.

Apesar disso, precisamos estar atentos para situações cotidianas em que uma criança experimente medo, insegurança e ansiedade, sem que isso seja necessariamente uma doença do comportamento. Por exemplo, uma criança de 4 anos de idade pode apresentar medo do "bicho-papão", do "homem do saco" ou do ladrão e do fantasma embaixo da cama. Essas situações podem ilustrar apenas uma fase normal do desenvolvimento da criança e logicamente não devem indicar indícios de um transtorno comportamental da ansiedade.

Por esse motivo, a avaliação médica comportamental realizada por um psiquiatra especialista na infância e na adolescência será fundamental para o correto diagnóstico dos transtornos ansiosos.

Nas situações patológicas, a intervenção interdisciplinar será muito importante e capaz de auxiliar a se lidar com os sintomas ansiosos. O primeiro passo neste tratamento será a psicoeducação, a orientação aos pais, professores e familiares por meio de materiais informativos sobre o transtorno, como livros, guias, textos e folhetos explicativos. Quanto mais informações a respeito do diagnóstico, dos sintomas, das características e do tratamento, mais fácil será lidar com o problema, e teremos sucesso no auxílio a essas crianças e a esses adolescentes.

Atualmente, segundo as principais pesquisas científicas internacionais, a terapia cognitivo-comportamental representa uma ferramenta importante e necessária no tratamento de crianças e adolescentes com transtornos ansiosos.

O conjunto de técnicas inclui o reconhecimento dos sintomas, a identificação de sentimentos, pensamentos, reações do organismo e de possíveis "gatilhos" da ansiedade, para que seja possível desenvolver planos a fim de se tratar o problema. Além disso, estratégias em habilidades sociais e técnicas de relaxamento podem auxiliar no manejo da ansiedade gerada pelo transtorno.

Casos graves de transtornos ansiosos necessitarão de medicamentos que objetivam bloquear a resposta ansiogênica do organismo, auxiliando na diminuição da ansiedade, dos sintomas de medo, das respostas somáticas e relacionadas com o transtorno ansioso.

Nessas situações, os antidepressivos inibidores seletivos da recaptação de serotonina são as primeiras opções de medicamentos, devido a suas características de eficácia e segurança para uso pediátrico.

Não posso deixar de destacar o trabalho dedicado e especializado de algumas associações de pais e portadores de transtornos ansiosos no Brasil, como a ASTOC (Associação Brasileira de Síndrome de Tourette, Tiques e Transtorno Obsessivo-Compulsivo), que organiza reuniões de apoio e eventos educativos objetivando informar e auxiliar na busca por tratamento e qualidade de vida de pacientes e familiares.

Transtorno obsessivo-compulsivo

O transtorno obsessivo-compulsivo (TOC) na infância tem início por volta dos 10 anos de idade, acomete cerca de 1% das crianças em idade escolar, sendo mais precoce em meninos do que em meninas. Entre os adolescentes, aproximadamente 2% apresentam o transtorno. Uma vez que a genética é um grande preditor dos transtornos ansiosos, comumente encontramos histórico de transtorno obsessivo-compulsivo ou de transtorno de tiques na família do portador.

O TOC é um transtorno comportamental caracterizado pela presença de obsessões e compulsões. Obsessões são pensamentos persistentes, repetitivos, intrusivos e sem sentido que "invadem a cabeça" do paciente. A pessoa as reconhece como sem sentido, inadequadas ou desnecessárias, mas não consegue controlá-las. Podem apresentar-se sob a forma de repetição de palavras, frases, pensamentos, medos, números, fotos ou cenas, e normalmente estão relacionadas com ideias de limpeza, contaminação, segurança, agressão ou sexo.

Compulsões são comportamentos repetitivos (lavar mãos, organizar, verificar) ou atos mentais (rezar, contar, repetir palavras, frases, números) que a pessoa se sente obrigada a executar em resposta a uma obsessão. Os comportamentos compulsivos visam prevenir ou reduzir o sofrimento, ou evitar algum evento ou uma situação temida.

Essas obsessões e compulsões normalmente consomem tempo (mais de uma hora por dia), interferem significativamente na rotina, nos funcionamentos social e acadêmico da criança ou do adolescente, e logicamente provocam muito sofrimento ao paciente.

No caso de crianças pequenas, podemos observar compulsões sem obsessões, e estas podem não reconhecê-las como algo problemático, apesar de identificarmos claramente os prejuízos emocionais e sociais provocados pela doença. Em outros casos, crianças e adolescentes podem esconder seus rituais até estes se tornarem tão intensos a ponto de serem descobertos.

Os sintomas do TOC podem mudar no decorrer do tempo: algumas crianças talvez apresentem rituais de checagem ou verificação, e no decorrer dos meses evoluam para rituais de simetria, por exemplo.

É muito importante ressaltar que os sintomas não irão embora sem ajuda profissional e que cerca de 50% dos adultos diagnosticados com o transtorno obsessivo-compulsivo tiveram o início dos sintomas ainda na infância ou na adolescência.

Transtorno obsessivo-compulsivo na escola:

❑ Gasto de tempo excessivo na organização do material escolar, com rituais de simetria e verificação.

❑ Rituais de repetição na execução de exercícios escolares ou deveres de casa.

❑ Perfeccionismo.

❑ Releituras de textos inúmeras vezes.

❑ Repetições de perguntas ou dúvidas aos pais ou professores.

- Solicitação por repetição de frases.
- Repetitivos pedidos de desculpas.
- Colecionismo de objetos inúteis, como jornais e revistas velhos ou papéis de bala.
- Verificação excessiva de fechaduras, portas, janelas, luzes.
- Banhos prolongados e repetidas vezes ao dia.
- Lavar mãos ou escovar dentes incessantemente.
- Lesões no ânus ou nas mãos por rituais de lavagem excessiva.
- Trocas frequentes de roupa, com aumento da quantidade para lavar.
- Gasto excessivo de papel higiênico ou sabonetes.
- Entupimentos do vaso sanitário por uso excessivo de papel higiênico.
- Preocupações de que algum membro da família possa estar gravemente doente ou contaminado.

Caso clínico

Nathália é uma estudante de 11 anos de idade que foi encaminhada para avaliação médica pela psicopedagoga da escola em que estuda na Barra da Tijuca, Rio de Janeiro.

Segundo relato dos pais, os sintomas iniciaram pouco mais de seis meses antes da consul-

ta, quando a jovem passou a se preocupar com os germes existentes na escola e em casa:

"Doutor Gustavo, estou desesperada! A Nathália nos pergunta mais de cinquenta vezes por dia se ela está contaminada por germes. Se eu não respondo todas as vezes, ela fica mais ansiosa, mais nervosa. Ela toma banho a cada duas horas e está com machucados nos dedos dos pés e das mãos por tanto se esfregar durante essas lavagens. As trocas de roupas são frequentes também, mais de trinta peças por dia. Na escola está tudo muito complicado. Ela acha que a carteira e os colegas estão sujos, ninguém pode tocar nela. Por esse motivo, ela se isolou dos amigos, não consegue se concentrar nos estudos, os pensamentos de contaminação não saem da cabeça dela, minha filha precisa de ajuda, doutor. Nós não aguentamos mais."

Transtorno de ansiedade de separação

O transtorno de ansiedade de separação está presente em cerca de 2% a 5% das crianças em idade escolar. Existe uma distribuição relativamente igual entre meninos e meninas, e normalmente a idade de início do transtorno é por volta de 7 anos.

Essa condição comportamental é caracterizada pelo aparecimento de ansiedade excessiva e inapropriada frente à separação de familiares ou daqueles a que a criança é apegada. Com frequência as crianças afetadas apresentam preocupações excessivas de que acidentes possam ocorrer a seus pais ou de que seriam separadas deles. O medo de perder ou de ser separado de seus pais está, na maioria das vezes, ligado a preocupações de que a perda ocorrerá como resultado de um evento catastrófico como morte, sequestro ou grave acidente.

Pesadelos relacionados com o tema de separação, relutância de se separar dos pais para ir à escola, para dormir sozinho em seu quarto ou para dormir na casa de colegas são sintomas significativos. Queixas somáticas, como dores estomacais e dores de cabeça, são muito comuns, e o objetivo dessas crianças é receber atenção parental e justificar as queixas para ficar em casa e não ir à escola ou não permitir que seus pais saiam para trabalhar.

Na escola, além das faltas e dos atrasos para entrada em aula, essas crianças evitam participar de atividades extracurriculares, como atividades esportivas ou grupos de estudo, pois sentem grande ansiedade por se distanciarem de suas figuras afetivas, como pais ou familiares íntimos. Consequentemente, elas apresentarão prejuízo acadêmico, vínculos de amizade restritos a poucas crianças ou a nenhuma e comprometimento de suas autoestima e maturidade.

Transtorno de ansiedade de separação na escola

- Muita ansiedade no momento de chegada à escola.
- Atrasos para entrada em sala de aula.
- Medo de ficar sozinho no recreio.
- Medo de ser abandonado pelos pais.
- Faltas escolares.
- Solicitações para deixar escola.
- Prejuízo acadêmico.
- Queixas físicas.
- Evita participar de atividades extracurriculares.
- Dificuldade nos relacionamentos.
- Vínculos de amizade restritos a poucas crianças.
- Comprometimento da autoestima.

Caso clínico

Antônia é uma estudante de 8 anos que cursa o terceiro ano do ensino fundamental de uma escola em Jacarepaguá, Rio de Janeiro. A coordenadora escolar encaminhou a jovem aluna para avaliação devido à grande ansiedade no momento de chegada à escola.

Segundo o pai de Antônia, as faltas escolares e os atrasos são frequentes, pois a filha chora muito e diz ter medo de ser abandonada pelos pais.

"Doutor Gustavo, as cenas são desesperadoras! Todo dia é a mesma coisa, ela chora, grita, entra em estado de pânico! Ela diz que tem medo de se separar de nós, que alguém vai nos matar, que será abandonada. Eu e minha esposa não vamos ao cinema ou a jantares há mais de dois anos, simplesmente porque a Antônia não tolera ficar sem a nossa presença!"

Transtorno de ansiedade generalizada

O transtorno de ansiedade generalizada (TAG) atinge cerca de 3% a 6% de crianças e adolescentes em idade escolar, e as meninas são as mais acometidas pelo problema. Outra característica epidemiológica importante é que os índices desse transtorno tendem a ser maiores na adolescência do que na infância.

O TAG é caracterizado por excessivas preocupação, ansiedade e intensa dificuldade para controlá-la, normalmente relacionadas com eventos futuros. Essas preocupações dificultam os funcionamentos social, acadêmico e ocupacional de crianças e adolescentes. O transtorno está relacionado com sentimentos de apreensão e dúvida, cansaço, fadiga, tensão muscular, distúrbios do sono, dificuldade de concentração e irritabilidade.

Crianças com transtorno de ansiedade generalizada apresentam grande preocupação frente a situações futuras, relacionamentos com colegas e aceitação pelo grupo escolar, por exemplo. Essas crianças encontram-se em grande parte do tempo preocupadas com múltiplos assuntos, como se o mundo fosse repleto de perigos, superestimam situações problemáticas, são negativistas e parecem estar sempre aguardando eventos catastróficos.

Transtorno de ansiedade generalizada na escola

❏ Excessiva preocupação.
❏ Muita ansiedade e intensa dificuldade para controlá-la.
❏ Dificuldade no funcionamento social.

- ❏ Prejuízos acadêmicos.
- ❏ Sentimentos de apreensão e dúvida.
- ❏ Medo.
- ❏ Cansaço.
- ❏ Tensão muscular.
- ❏ Dificuldade de concentração.
- ❏ Irritabilidade.
- ❏ Nervosismo.
- ❏ Preocupação frente a eventos futuros.
- ❏ Preocupação com múltiplos assuntos.
- ❏ Superestima de situações problemáticas.
- ❏ Pessimismo.

Caso clínico

Letícia tem 12 anos de idade e cursa o sétimo ano do ensino fundamental de um colégio tradicional de Niterói, Rio de Janeiro. A psicopedagoga escolar encaminhou a jovem devido a prejuízos acadêmicos e de relacionamento social evidentes em sala de aula.

Transcrevo um trecho do encaminhamento médico realizado pela psicopedagoga:

"Doutor Gustavo, a nossa estudante Letícia tem nos preocupado devido aos sintomas de

ansiedade intensa que têm prejudicado seus desempenhos acadêmico e social no colégio. Ela é muito ansiosa, insegura, pessimista e está sempre preocupada com alguma coisa.

Nas semanas que antecedem as avaliações bimestrais, ela fica muito irritada, briga com colegas, se mostra amedrontada, nervosa e cansada. Durante as provas, sua face fica tensa, a aluna se mostra ainda mais nervosa e começa a chorar.

O que mais nos preocupa é que ela é uma aluna super-responsável, sabe a matéria, mas, devido ao nervosismo, não consegue prestar atenção às aulas, e a ansiedade prejudica na execução de atividades de sala e durante as avaliações."

Fobia específica

A fobia específica afeta cerca de 4% das crianças em idade escolar e é caracterizada por um medo persistente e exagerado de situações ou objetos específicos, como animais, insetos, sangue, altura, lugares fechados, voar de avião ou elevadores, por exemplo.

A exposição da criança ou do adolescente à situação temida é capaz de desencadear uma resposta ansiosa imediata. Essa resposta é considerada exagerada e está frequentemente associada a sintomas somáticos como nervosismo, choro, ataques de pânico e irritabilidade.

O comportamento "evitativo" e a ansiedade antecipatória causados pelo medo de enfrentar as situações temidas interferem significativamente nas rotinas acadêmica e ocupacional, e nas relações da criança com sua família, seus amigos e colegas de sala de aula. Por exemplo, se a criança ou o adolescente tem fobia específica de elevador, ela será capaz de subir de escada até o vigésimo andar do prédio para evitar entrar nele.

O medo provocado pela fobia específica é irracional e incontrolável. Caso o estudante seja exposto ao objeto de medo, ele pode se descontrolar completamente, tendo um ataque de pânico ao se confrontar, por exemplo, com um inseto temido, como uma barata.

Fobia específica na escola

❑ Medo exagerado de situações ou objetos específicos como animais, insetos, sangue, altura, lugares fechados.

❑ Resposta ansiosa imediata após contato com a situação temida.

- ❏ Ataques de pânico.
- ❏ Comportamento evitativo de situações específicas.
- ❏ Prejuízos acadêmicos.

Caso clínico

Clara, 9 anos de idade, cursa o quarto ano do ensino fundamental de uma escola em Campo Grande, zona oeste do Rio de Janeiro. Seus pais procuraram ajuda, pois a filha não frequenta a escola há um mês.

Segundo relato da avó, a pequena Clara adora a escola e é muito querida por professores e alunos; entretanto, os problemas começaram trinta dias antes da consulta, quando uma grande tempestade inundou o bairro onde vivem.

"Estávamos no carro, eu, minha filha e a Clarinha, quando a chuva começou. Eram duas horas da tarde, o céu ficou todo escuro, e foram apenas sessenta minutos de chuva. Ficamos presas no trânsito, a rua inundou, e entrou água no carro. Minha filha é muito ansiosa, começou a chorar e falar que iríamos morrer afogados. A Clarinha ficou muito nervosa e impressionada com o comportamento de sua mãe e começou a chorar e gritar, foi um caos, Dr. Gustavo."

Após esse evento, a estudante passou a observar o céu pela manhã; se existisse apenas uma única nuvem, era motivo para ela se recusar a ir para a escola. "Doutor, ela é tomada por um medo irracional, absurdo, entra em estado de pânico! A Clarinha começa a tremer, seu coração acelera muito, ela diz que vai chover e que vai morrer afogada. Na última semana, ela não foi à festa de aniversário de sua melhor amiga, pois temeu uma tempestade!"

Transtorno de pânico

O transtorno de pânico acomete cerca de 3% das crianças e dos adolescentes e é caracterizado pela presença de ataques de pânico recorrentes e inesperados.

Os ataques de pânico são períodos de intenso medo ou desconforto acompanhados de sintomas somáticos, como palpitações, sudorese, falta de ar, tremores das mãos, dores no peito e na barriga. Os pacientes também podem apresentar sensações subjetivas de desconforto e frequentemente relatam medo de estar morrendo. Esses sintomas relacionados ao ataque de pânico duram cerca de trinta minutos e não há risco de vida.

Outra característica que pode acompanhar o transtorno de pânico é a presença de agorafobia, que é ansiedade ou medo de estar em lugares abertos ou cheios de gente. Nessa situação, o estudante tem medo de passar mal e não ter pessoa alguma para socorrê-lo e normalmente apresenta um comportamento evitativo dessas situações.

Estudos demonstram que muitos adultos com esse quadro apresentaram seus primeiros ataques de pânico ainda na infância ou na adolescência. Nesses casos, o diagnóstico ainda na infância poderia ter levado a um tratamento precoce e com melhores resultados prognósticos.

Transtorno de pânico na escola

Repetidos ataques de pânico representados por:

❏ Intenso medo ou desconforto.
❏ Palpitações.
❏ Sudorese.
❏ Falta de ar.
❏ Tremores nas mãos.
❏ Dor no peito.
❏ Dor abdominal.
❏ Medo de morrer.

Caso clínico

Assim começou o atendimento de Henrique, estudante de 16 anos de idade que cursa o segundo ano do ensino médio de um colégio de Teresópolis, região serrana do Rio de Janeiro: "Doutor, eu vou morrer, estou ficando louco? Não sei o que causa isso, mas já fui ao cardiologista, e ele disse que não tenho nada! Então, o que é que eu tenho? Convivo com essas crises semanais há seis meses. Estou bem e de repente começo a ficar com o coração acelerado, fico ansioso, nervoso, parece que tem uma bola na minha garganta e que ela vai me matar sufocado! Fico suado, me dá falta de ar, começo a tremer, tenho dor de barriga, dor no peito muito forte, e fico com medo de morrer! Tudo isso dura uns quarenta minutos, e daí vem a pior parte, chego ao hospital, os médicos me colocam um monte de fios no peito, fazem uns exames e dizem que eu não tenho nada!!!"

Fobia social

A fobia social ou timidez patológica é uma condição comportamental presente em até 4% das crianças e dos adolescentes e tem início por volta dos 12 anos de idade. Esse transtorno ansioso provoca no estudante intenso medo, ansiedade e grande timidez quando ele está exposto em situações sociais.

Na escola, crianças e adolescentes com fobia social apresentam comportamento evitativo relacionado com a socialização. São extremamente tímidos e retraídos, dificilmente pedem ajuda aos professores quando têm dúvidas em sala de aula, negam-se a apresentar trabalhos para a turma, não participam de trabalhos em grupo ou atividades esportivas e evitam comparecer a festas de aniversário. Essas crianças comumente evitam conversar com outros jovens, principalmente os do sexo oposto.

A criança não quer ser avaliada ou julgada, temendo ser ridicularizada por outras pessoas e se tornar o centro das atenções. O temor desse estudante é de acabar sendo considerado estranho e pouco atrativo pelas outras pessoas.

Há o medo de que em algum momento ela possa agir ou dizer algo embaraçoso; assim, evita falar em público, dialogar com figuras de autoridade, como professores, coordenadores e funcionários, ou com pessoas que não conhece. Podem também apresentar dificuldade em comer ou escrever na frente de outras pessoas ou utilizar o banheiro da escola.

Além desses sintomas, crianças e adolescentes com fobia social apresentam manifestações somáticas quando expostas às situações sociais, como rubor facial, sudorese, tremor, coração acelerado e nervosismo.

Crianças pequenas podem chorar ou se esconder atrás de suas mães quando confrontadas com situações sociais que causem medo ou insegurança, podendo não conseguir frequentar a escola. Adolescentes com fobia social apresentam grande dificuldade de se "enturmar" ou de formar vínculos de amizade, principalmente com pessoas do sexo oposto.

Jovens com esse quadro podem iniciar o uso abusivo de bebidas alcoólicas, pois percebem que quando bebem tornam-se menos ansiosos e inseguros. Esse uso pode tornar-se comum, como se fosse uma tentativa de "automedicação" contra os sintomas do transtorno, e isso pode se transformar em uma armadilha, conduzindo o adolescente a um quadro de alcoolismo.

Fobia social na escola

- Medo, ansiedade e grande timidez ao se expor em situações sociais.
- Comportamento evitativo.
- Não pede ajuda aos professores quando apresenta dúvidas em sala de aula.
- Nega-se a apresentar trabalhos para a turma.
- Não participa de trabalhos em grupo ou atividades esportivas.
- Evita comparecer a festas de aniversário.
- Evita conversar com outros jovens.
- Poucos amigos.
- Medo de ser ridicularizado por outras pessoas.
- Medo de se tornar o centro das atenções.
- Evita falar em público.
- Evita dialogar com figuras de autoridade, como professores.
- Dificuldade em comer ou escrever na frente de outras pessoas.
- Quando exposto a situações sociais, apresentação de rubor facial, sudorese, tremor, coração acelerado e nervosismo.
- Dificuldade em frequentar a escola.
- Grande dificuldade de se "enturmar" ou de formar vínculos de amizade.

Caso clínico

Paulo é um estudante carioca de 14 anos de idade que vive com os pais no Recreio dos Bandeirantes, Rio de Janeiro. Seus pais procuraram ajuda ao considerar a timidez do filho exagerada. Na última semana, ele se recusou a apresentar um trabalho para a turma e recebeu nota zero da professora de história. Segundo relato da mãe, Paulinho não pede ajuda aos professores quando apresenta dúvidas em sala de aula e não participa de trabalhos em grupo ou atividades esportivas:

"Ele é muito tímido, doutor. Evita sair de casa, não frequenta festas de aniversário e fica ansioso até para falar ao telefone. Paulinho tem poucos amigos, pois tem grande dificuldade de se enturmar, reluta em conversar com outros jovens, nunca namorou e até das primas ele tem vergonha."

Mutismo seletivo

O mutismo seletivo consiste na incapacidade da criança de se comunicar verbalmente em determinadas situações, o que acaba por interferir em seus funcionamentos acadêmico e social. Esse diagnóstico está presente em menos de 1% das crianças, e os sintomas normalmente iniciam entre os 3 e 5 anos de idade. Comumente os quadros de mutismo seletivo estão associados ao transtorno de fobia social.

São crianças que apresentam sintomas de ansiedade na presença de pessoas de fora de seu círculo de confiança. Elas são capazes de conversar normalmente com pais ou professores, mas em situações sociais, na presença de visitas ou de novos colegas e pessoas desconhecidas, por exemplo, tornam-se mudas, incapazes de responder a perguntas, impossibilitadas de dialogar.

Algumas crianças com mutismo seletivo podem se comunicar nessas situações utilizando-se de gestos, movimentos com a cabeça ou sussurrando no ouvido da mãe, que serviria como interlocutora.

Assim como nos outros transtornos ansiosos, características genéticas e temperamento participam ativamente no desenvolvimento do problema, e as intervenções terapêuticas são embasadas na terapia cognitivo-comportamental, na psicoeducação e na orientação de pais, familiares e professores.

Um princípio importante na terapêutica é o de que a criança irá se comunicar normalmente com todos quando ela se sentir segura e confortável. Muitas vezes a utilização de medicamentos pode auxiliar no tratamento, e cada caso deve ser avaliado individualmente.

Mutismo seletivo na escola

❏ Incapacidade de se comunicar verbalmente em determinadas situações.

❏ Muita ansiedade na presença de pessoas de fora do círculo de confiança.

❏ Mutismo na presença de estranhos.

❏ Incapacidade de responder a perguntas.

❏ Comunicação utilizando-se de gestos, mímicas e movimentos apenas com a cabeça.

❏ Utilização de uma pessoa do círculo de confiança para verbalizar por ela.

Caso clínico

Márcia, 4 anos de idade, é uma criança encaminhada por uma escola localizada na Tijuca, zona norte do Rio de Janeiro. Segundo relato da orientadora pedagógica, Márcia é uma alu-

na muito inteligente, apresenta ótimo desempenho acadêmico, mas não fala com as outras crianças.

A orientadora afirma que Márcia conversa normalmente com a professora e com apenas duas crianças na escola. Ela fica muito ansiosa na presença de pessoas de fora de seu círculo de confiança, fica muda na presença de estranhos e é incapaz de responder a perguntas. Nessas situações, Márcia comunica-se utilizando gestos e movimentos com a cabeça, negando-se a verbalizar com outras pessoas.

Segundo os pais, Márcia conversa normalmente com todos em casa; entretanto, repete esse comportamento na presença de pessoas que não conhece profundamente.

CAPÍTULO 12

TRANSTORNOS DE TIQUES

Tiques são movimentos ou vocalizações que ocorrem subitamente, de maneira rápida, recorrente, não rítmica e involuntária. No início, a criança pode não notar o que está executando, mas posteriormente, com a observação frequente dos tiques e a recriminação por parte de pais, familiares, professores e amigos, sérios prejuízos podem ser causados à sua autoestima.

Os tiques merecem atenção especial, pois seu caráter crônico pode prejudicar consideravelmente a vida da criança, afetando e atrapalhando suas interações sociais com outras crianças, prejudicando sua autoestima e seu desempenho acadêmico.

Nesses casos, investigação e orientação médica devem ser providenciadas, pois esses transtornos comportamentais afetam em torno de 1% da população infantil e são condições graves, que necessitam de auxílio médico.

De maneira geral, os tiques podem ser classificados em motores ou vocais.

Tiques motores

Os tiques motores são representados por contrações repetitivas e rápidas de grupamentos musculares: piscar de olhos, encolhimento de ombros, espasmos de pescoço e "fazer careta". Formas mais graves deste tipo incluem a presença de tiques motores complexos, que é quando um número maior de grupamentos musculares está envolvido. Nesses casos, cheirar objetos, saltar, tocar ou até fazer gestos obscenos podem ocorrer.

Tiques vocais

Os tiques vocais são vocalizações rápidas, repetitivas, involuntárias e recorrentes: tossir, pigarrear, roncar e fungar, por exemplo. Tiques vocais complexos são vocalizações mais elaboradas e podem incluir repetição de palavras, frases ou até o disparo de palavras obscenas fora de contexto.

Tiques transitórios e esporádicos

Tiques esporádicos são comuns de ocorrer em toda criança e frequentemente estão associados ao estresse. Crianças tímidas ou ansiosas são mais propensas a apresentá-los. Eles desaparecem com o tempo e afetam até 10% das crianças em idade escolar. Nesses casos, normalmente não há a necessidade de tratamento, pois tais não costumam causar sofrimento ou prejuízos à criança e a seus familiares.

Síndrome de Tourette

O transtorno, ou a síndrome de Tourette, é considerado o mais grave transtorno de tique e foi descrito pela primeira vez pelo médico francês Georges Gilles de la Tourette em meio a um grupo de nove crianças francesas, em 1885. Os sintomas têm início entre os 5 e 10 anos de idade, sendo os tiques motores faciais, como piscar de olhos e movimentos de pescoço, as principais manifestações inicialmente observadas. Posteriormente, esses tiques tendem progressivamente a acometer membros e tronco, chegando a evoluir para a ocorrência de tiques vocais.

O diagnóstico da síndrome de Tourette é realizado quando identificado um histórico de tiques motores múltiplos no paciente e de pelo menos um tique vocal em alguma fase da doença. Os sintomas devem estar bastante presentes e causar sérios prejuízos às vidas acadêmica e social do estudante. A prevalência da síndrome de Tourette é de em torno de 0,5%, sendo os meninos três vezes mais acometidos do que as meninas.

Crianças e adolescentes com essa síndrome não são capazes de controlar esses tiques e não devem se sentir culpados por isso. A punição executada por alguns pais, assim como as brincadeiras feitas por colegas na intenção de ridicularizar seu comportamento, não ajuda no controle dos tiques e pode tornar pior a evolução do problema nessa criança.

Esses pacientes podem apresentar problemas de atenção, concentração, ou desenvolver obsessões e compulsões, sendo a associação com o transtorno obsessivo-compulsivo muito comum, presente em torno de 40% dos portadores do transtorno de Tourette. O transtorno de déficit de atenção/hiperatividade é outra condição associada aos portadores de transtornos de tiques e pode ocorrer em até 60% dos casos.

Na idade adulta, alguns tiques podem desaparecer naturalmente, enquanto outros tendem a se perpetuar. Nesses casos, eles podem interferir em atividades laborativas e sociais, prejudicando acentuadamente a autoestima e a vida do acometido de maneira geral.

Tiques na escola

Tiques Motores:
- Piscar.
- Fazer caretas.
- Erguer sobrancelhas.
- Torcer o nariz.
- Contrair a boca.
- Mostrar os dentes.
- Girar a cabeça.
- Torcer o pescoço.
- Encolher os ombros.
- Bater os pés.

- ❏ Saltar.

Tiques vocais:
- ❏ Vocais
- ❏ Tossir.
- ❏ Pigarrear.
- ❏ Fungar.
- ❏ Estalar lábios.
- ❏ Emitir sons de sucção.
- ❏ Soluçar.

Quais são as causas?

Estudos indicam que vulnerabilidades genéticas estão ligadas ao surgimento do transtorno, uma vez que mais de 60% dos casos estão relacionados com esses fatores. Situações estressantes não causam os tiques, mas funcionam como desencadeadores dos sintomas.

Alterações químicas do cérebro envolvendo neurotransmissores (substâncias químicas que fazem a comunicação entre as células nervosas) como a dopamina estariam relacionadas com as causas da síndrome de Tourette, sendo também foco de estudo.

Nos últimos anos, novas linhas de pesquisa têm investigado processos autoimunes que supostamente causariam o desencadeamento e a exacerbação de tiques. A infecção PANDAS (distúrbio neuropsiquiátrico autoimune associado com infecção estreptocócica) é um foco de pesquisa importante para os transtornos de tiques e o transtorno obsessivo-compulsivo.

O que fazer?

Frequentemente, os jovens acometidos por tiques são muito ansiosos, apresentando sentimentos de culpa e baixa autoestima. Suporte emocional à criança ou ao adolescente e orientação familiar serão fundamentais para se reduzirem o estresse e a ansiedade que ficam constantemente presentes.

O trabalho educativo com informação a respeito do transtorno deve ser o primeiro passo no tratamento. Informar a criança, seus familiares e professores sobre as características do problema, as estratégias de tratamento e o prognóstico podem ajudar a desmistificar e diminuir o preconceito relacionado aos tiques.

A psicoeducação escolar será fundamental para o sucesso terapêutico. Lembro-me de um vídeo fantástico realizado a partir de uma parceria entre a Associação Americana de Síndrome de Tourette e o canal de televisão a cabo HBO. Nesse vídeo psicoeducacional, diversas crianças portadoras do transtorno em questão dão seus depoimentos sobre isso. Em um determinado momento, uma criança acometida oferece uma "aulinha" sobre seu problema a seus colegas de sala de aula e à professora.

Esse trabalho informativo a professores, funcionários e demais alunos pode ser muito útil na melhoria da autoestima e no funcionamento social dessas crianças e adolescentes com transtornos de tiques, uma vez que ajuda na diminuição do preconceito, aumenta a aceitação e o entendimento do problema, reduzindo o comportamento bullying que comumente vitimiza esses portadores.

Destaco novamente o trabalho da ASTOC, uma instituição sem fins lucrativos que oferece apoio e informação psicoeducacional, promove debates, encontros, palestras e suporte emocional para pais, amigos e portadores de transtornos de tiques e de transtorno obsessivo-compulsivo.

Outra estratégia importante de intervenção é a terapia cognitivo-comportamental. Ela auxilia no manejo dos tiques e ajuda na redução do estresse e na diminuição dos conflitos familiares que ocorrerem.

As medicações são sempre indicadas quando há dificuldade no manejo dos tiques, desconforto físico, estigmatização, exclusão social e significativa interferência no desempenho escolar. Os medicamentos mais utilizados, que objetivam a redução dos tiques, são os neurolépticos (risperidona, quetiapina, haloperidol) e os agonistas adrenérgicos (clonidina e guanfacina). Outros medicamentos podem ser utilizados com a intenção de reduzir os sintomas ansiosos, como os antidepressivos inibidores seletivos da recaptação de serotonina (sertralina, paroxetina, venlafaxina, citalopram e escitalopram).

Condições associadas, como o transtorno obsessivo-compulsivo, o transtorno de déficit de atenção/hiperatividade e outros transtornos ansiosos, também devem ser tratados simultaneamente.

A diminuição dos tiques, a recuperação da autoestima, a melhoria da qualidade de vida e das relações sociais em casa e na escola são os principais objetivos do tratamento.

Caso clínico

Gabriel é uma criança de 8 anos de idade que atendo no consultório. Os pais do pequeno Ga-

briel pediram minha ajuda devido aos sintomas que haviam iniciado meses antes da primeira consulta. Gabriel apresentava tosse seca, tiques de piscar de olhos e movimentos repetitivos de pescoço e ombros.

Os pais consideram Gabriel uma criança muito ansiosa e informaram que os sintomas ocorriam diariamente e pioravam em situações de muita ansiedade, como os momentos que antecediam a chegada à escola pela manhã e os dias de provas e avaliações escolares.

Existe histórico de um tio paterno com síndrome de Tourette e um primo de segundo grau em tratamento para transtorno de déficit de atenção/hiperatividade e transtorno obsessivo-compulsivo.

Após investigação clínica detalhada e descartados outros diagnósticos diferenciais, foi realizado o diagnóstico de transtorno de tiques (para caracterizar a síndrome de Tourette, teremos que aguardar a evolução do quadro clínico por até um ano).

O plano individual de tratamento inicial de Gabriel envolveu o trabalho psicoeducativo com os pais associado ao trabalho de orientação a professores e funcionários da escola sobre o transtorno de tiques, suas características, sintomas, causas, tal como sua evolução e seu prognóstico.

A escola ofereceu apoio e orientou professores e funcionários a não tolerarem qualquer forma de "brincadeira" ou comportamento bullying por parte de outros alunos.

Gabriel começou a utilizar uma medicação para redução dos tiques e diminuição da ansiedade, além de frequentar sessões semanais de psicoterapia cognitivo-comportamental.

Após seis meses de tratamento, a evolução clínica de Gabriel é satisfatória, com diminuição significativa dos tiques e da ansiedade, e com melhoria de sua qualidade de vida.

CAPÍTULO 13

Deficiência Intelectual

A deficiência intelectual compreende um número significativo de pessoas com habilidades intelectuais abaixo da média, e esse déficit de inteligência tem início antes dos 18 anos de idade. Essas limitações causam diversos problemas no funcionamento diário, na comunicação, na interação social, em habilidades motoras, cuidados pessoais e na vida acadêmica.

Estima-se que aproximadamente 1% a 2% da população mundial tenha o diagnóstico de deficiência intelectual, com maior ocorrência entre pessoas do sexo masculino.

Crianças e adolescentes com deficiência intelectual possuem cerca de quatro vezes mais chances de apresentar outros diagnósticos comportamentais, como transtorno de déficit de atenção/hiperatividade, autismo infantil, depressão, transtorno bipolar, tiques ou transtornos ansiosos. Sendo assim, a presença dessas condições associadas pode chegar a até 70% dos jovens com deficiência intelectual, e o processo diagnóstico e terapêutico deve abordar esses problemas também.

Como diagnosticar?

O diagnóstico de deficiência intelectual envolve entrevista e exame clínico da criança, tal como detalhada entrevista com os pais, sendo feita uma investigação cuidadosa de história gestacional da mãe, parto, período neonatal, história do desenvolvimento psicomotor da criança, seu acompanhamento pediátrico e histórico de deficiência intelectual, anormalidades metabólicas ou cromossômicas na família.

Avaliações neuropsicológicas e testes de inteligência padronizados podem ser aplicados aos pacientes. Essa testagem nos fornece o chamado quociente de inteligência (Q.I.). Os valores de Q.I. iguais ou inferiores a 70 nos dão o diagnóstico de deficiência intelectual. Segundo os critérios diagnósticos utilizados pela Organização Mundial de Saúde, podemos classificar o deficiência intelectual em:

- Deficiência intelectual leve: Q.I. compreendido entre 50 e 70.
- Deficiência intelectual moderada: Q.I. compreendido entre 35 e 49.
- Deficiência intelectual grave: Q.I. compreendido entre 20 e 34.
- Deficiência intelectual profunda: Q.I. abaixo de 20.

Cerca de 80% dos casos compreendem crianças com deficiência intelectual leve, que são aquelas que mais se beneficiam das intervenções médicas, psicológicas e pedagógicas. Esses pacientes adquirem a linguagem com algum atraso, entretanto conseguem comunicar-se e podem apresentam independência nos cuidados pessoais.

Normalmente são capazes de acompanhar os estudos em turmas escolares regulares, e em determinados casos conseguem concluir o ensino médio. São pacientes que, com o devido acompanhamento médico e terapêutico, conseguem viver com independência, trabalhar, casar, ter filhos e administrar seu lar.

Na deficiência intelectual moderada, a criança apresenta maior dificuldade na compreensão e no uso da linguagem. Cuidados pessoais e habilidades motoras são limitados, e esses pacientes podem necessitar de auxílio durante toda a vida.

Sua vida acadêmica é bem restrita; no entanto, podem beneficiar-se de turmas educacionais especiais, aprender conhecimentos básicos necessários para leitura, escrita e cálculo. Suas habilidades sociais deficientes podem melhorar consideravelmente no convívio acadêmico diário com outras crianças que tenham as mesmas necessidades especiais.

A deficiência intelectual grave e profunda compreende os pacientes com grau de maior prejuízo intelectual, funcional e motor. Com frequência, tais pacientes apresentam déficits visuais e auditivos, o que indica a presença de lesões orgânicas graves e o desenvolvimento inadequado do cérebro. São pacientes que necessitarão de atenção e cuidados especiais por toda a vida.

Deficiência intelectual na escola

- Atraso na aquisição da linguagem.
- Atraso na alfabetização.
- Dificuldade na aquisição de novos conhecimentos.
- Dificuldades acadêmicas.
- Prejuízo nas habilidades motoras.
- Dificuldade de socialização.
- Dificuldade de comunicação verbal.
- Identificação com crianças mais jovens.
- Dificuldade em atividades cotidianas.
- Dificuldade nos cuidados pessoais.

Quais são as causas?

As causas da deficiência intelectual podem ser divididas basicamente em três grupos principais: erros de formação do sistema nervoso central, influências extrínsecas afetando o sistema nervoso central e anormalidades biológicas.

Erros de formação do Sistema Nervoso Central

São malformações congênitas, alterações ou erros no código genético do feto, levando ao surgimento de síndromes genéticas, como a síndrome de Down, que representa a forma mais comum de deficiência intelectual.

Aproximadamente 7 mil crianças nascem todos os anos com essa alteração cromossômica — que consiste em um cromossomo extra —, que ocorre por um erro de divisão celular ainda no início do desenvolvimento fetal. Nesse caso, além do retardo mental, alterações físicas estão presentes, como baixa estatura, microcefalia, nariz achatado, olhos rasgados e baixa implantação das orelhas.

Outra condição genética importante é a síndrome do X frágil, causada por uma mutação genética no cromossomo X e caracterizada pela presença de cabeça e orelhas grandes e longas, baixa estatura, articulações hiperextensíveis e deficiência intelectual.

Influências extrínsecas afetando o Sistema Nervoso Central

Compreende as lesões cerebrais causadas por agressão ao cérebro fetal durante a gestação ou no momento do parto, por meio de infecções congênitas (transmitidas da mãe para o filho), como a rubéola, a toxoplasmose e a sífilis.

Outras causas de deficiência intelectual por influências extrínsecas são as intoxicações pré-natais por chumbo, álcool, tabaco, cocaína e medicamentos, além de desnutrição materna, hipóxia neonatal (falta de oxigênio no cérebro do bebê no momento do parto), asfixia, afogamentos e traumatismos.

Anormalidades biológicas

São situações em que alterações no ambiente bioquímico cerebral levam à deficiência intelectual. Na maioria das vezes têm origem metabólica, como, por exemplo, quando é causada pela fenilcetonúria, condição em que a deficiência congênita de uma enzima (fenilalanina hidroxilase) leva à deficiência intelectual.

Essas crianças nascem com cérebro normal, mas este começa a se deteriorar devido à ausência desta enzima que provoca alterações no metabolismo dos aminoácidos. Outra alteração metabólica comum é o hipotireoidismo congênito.

O que fazer?

O primeiro passo no tratamento da deficiência intelectual deve ser a identificação precoce dos transtornos metabólicos e cromossômicos possivelmente envolvidos. Para isso, temos então o importante trabalho de acompanhamento gestacional realizado nos serviços de saúde desde o primeiro mês de gestação, que compreende avaliações médicas regulares com um obstetra e orientação pré-natal.

Por meio do teste do pezinho, realizado após o nascimento do bebê, é possível identificar quadros metabólicos como a fenilcetonúria e o hipotireoidismo congênito, condições que estão frequentemente relacionadas com quadros de deficiência intelectual. Assim como em outros problemas comportamentais, quanto mais cedo for realizado o diagnóstico, melhor será o prognóstico da doença, pois melhores serão as oportunidades de intervenção e tratamento.

Após o diagnóstico correto e precoce da deficiência intelectual, o tratamento baseia-se na tentativa de controle de alterações comportamentais, como quadros de agitação psicomotora, agressividade e ansiedade. Outras condições médicas podem estar associadas à deficiência intelectual — como o transtorno obsessivo-compulsivo, o transtorno de tiques, o transtorno de déficit de atenção/hiperatividade, a depressão e a insônia —, e devem ser tratadas também. Nesses casos, diversas classes de medicamentos serão úteis no tratamento dos sintomas.

Será muito importante traçar um plano individual de tratamento, identificando as necessidades de aprendizagem especial dessa criança e as habilidades emocionais e linguísticas a serem trabalhadas. O objetivo disso será melhorar a qualidade de vida da criança e de seus familiares, tal como ajudá-la a alcançar o maior nível de funcionamento possível. Potencializar seu crescimento, respeitando suas dificuldades específicas, será uma meta importante para pais, educadores e demais profissionais envolvidos.

A psicoeducação relativa à deficiência intelectual é essencial, conscientizando e informando pais, familiares e educadores sobre o diagnóstico e as estratégias de tratamento. Isso ajudará na diminuição do preconceito, evitando a estigmatização do problema, e servirá de incentivo na luta por qualidade de vida, tal como pelo crescimento e pela aprendizagem da criança ou do adolescente. Esse trabalho pode envolver também uma ajuda no suporte emocional a pais e cuidadores.

Gostaria de ressaltar que o tratamento envolve um trabalho interdisciplinar e, dependendo das dificuldades e necessidades especiais da criança, poderá envolver diversos profissionais, como: médico, fonoaudiólogo, psicólogo cognitivo-comportamental, terapeuta ocupacional, profissional de educação física, psicopedagogo, mediadores escolares e professores treinados.

Pacientes com deficiências intelectuais leve e moderada podem beneficiar-se de técnicas comportamentais, principalmente ao trabalhar habilidades sociais. A melhoria na socialização por meio de estímulos de comportamentos aceitáveis e desestímulos de ações indesejadas pode ser enfatizada e proporcionar ótimos resultados. Esse trabalho comportamental envolve utilização de técnicas de reforço positivo, economia de fichas, treinamento de estratégias básicas de vida diária (tomar banho, escovar os dentes, trocar de roupa sozinho, por exemplo), estabelecimento de rotinas e regras que ajudam na estruturação e na organização da vida do paciente.

A terapia familiar, o acompanhamento e o treinamento de pais, cuidadores e educadores são estratégias essenciais para auxiliar no tratamento. Muitas vezes, os pais são tomados por sentimentos de culpa e impotência perante o diagnóstico; entretanto, podem ser importantes e estimulantes para a melhoria da autoestima e da interação social de toda a família, por exemplo: o trabalho de ensinar e estimular os filhos na aprendizagem de um ofício ou de uma profissão, nos casos de deficiência intelectual leve; e ensinar cuidados com higiene pessoal, nos casos de deficiência moderada.

Uma vez que a deficiência intelectual não tem cura, deve ser realizado um trabalho educacional intensivo com essa criança, e a estimulação deve ocorrer sempre. O objetivo final do tratamento é a melhoria das relações pessoais desse jovem com seus familiares e a busca de qualidade de vida a todos.

No Brasil, algumas instituições como a APAE (Associação de Pais e Amigos dos Excepcionais) realizam um belíssimo trabalho no diagnóstico e no tratamento da deficiência intelectual por meio de serviços de saúde, educação e assistência social.

A APAE foi fundada em 1954 por pais de crianças com deficiência intelectual, no Rio de Janeiro, está presente em mais de 2 mil municípios do país e representa a maior instituição brasileira de atenção à pessoa com essa deficiência.

Alguns bons filmes podem ajudar no conhecimento e na desmistificação da deficiência intelectual. Em minha opinião, dois deles merecem destaque, pois ilustram a importância do respeito, do combate ao preconceito, da inclusão social, do auxílio e da capacidade de superar dificuldades: *Uma lição de amor* (2001) e *Meu nome é Radio* (2003).

Caso clínico

O diagnóstico de Antônio, um garoto de 10 anos de idade, parecia difícil de ser revelado à mãe. Antes de chegar a mim, ela havia passado por quatro outros médicos que, talvez por desconhecimento ou "medo" de deflagrar o diagnóstico, haviam omitido o óbvio.

Não pensei duas vezes, expliquei as razões da sintomatologia manifestada pelo filho, suas dificuldades, e esclareci as dúvidas e preocupações dela. Informei que, além da medicação prescrita, a estimulação seria o melhor remédio, e portanto deveríamos fazer isso ao máximo, sempre respeitando as limitações do menino.

Organizamos um plano individual de tratamento, envolvendo a escola, uma psicóloga cognitivo-comportamental e uma mediadora escolar.

Daí então disparei o diagnóstico, com receio da aceitação da mãe, mas tranquilo por estar fazendo a coisa certa:

"Dona Débora, seu filho Antônio apresenta um déficit cognitivo, um quadro de deficiência intelectual."

Ela olhou, sorriu e agradeceu:

"Obrigada Dr. Gustavo, era disso que eu precisava: um diagnóstico. Agora sei o que meu filho tem, sei o que podemos fazer para ajudá-lo e o que esperar dele."

CAPÍTULO 14

AUTISMO INFANTIL E OS TRANSTORNOS DO ESPECTRO AUTISTA

O autismo é um transtorno do espectro autista caracterizado por prejuízos na interação social, atraso na aquisição da linguagem e comportamentos estereotipados e repetitivos. Foi brilhantemente descrito pelo médico, pesquisador e professor da Johns Hopkins University, o médico psiquiatra infantil austríaco Leo Kanner, em 1943.

Historicamente, vale ressaltar a importância de uma médica inglesa, psiquiatra da infância e da adolescência, a Dra. Lorna Wing. Seus estudos estabeleceram a análise de três déficits principais (conhecidos por "Tríade de Wing") existentes entre os portadores de transtornos do espectro autista, localizados nas áreas de imaginação, socialização e comunicação.

As dificuldades na área de imaginação estão relacionadas com o conceito da Teoria da Mente, que é a capacidade que todos nós temos de nos colocarmos na posição do outro, isto é, de entendermos que outra pessoa é capaz de pensar diferentemente de você, de ter crenças, desejos e pensamentos distintos. Resumindo, somos capazes de entender as emoções e o comportamento de outras pessoas.

Basicamente, a dificuldade de relacionamento e interação social é outro grande problema no autismo infantil. A impressão é de que a criança está fechada dentro de seu mundo particular e não consegue interagir com outras pessoas ou outros objetos.

A grande maioria dos pacientes autistas não fala, e aproximadamente 50% deles permanecerão mudos pelo resto de suas vidas; entretanto, algumas crianças podem aprender a falar pequenas frases e ser capazes de seguir instruções simples. Muitas vezes, essas crianças realizam uma inversão pronominal, chamando a si próprio de "ele" ou "ela".

O transtorno apresenta uma incidência de 1% de crianças e adolescentes e ocorre em torno de quatro vezes mais em meninos do que em meninas.

Até pouco tempo atrás, o autismo era um problema comportamental identificado por volta dos 3 anos de idade, mas, com o avanço dos conhecimentos sobre essa patologia, é possível identificá-lo nos primeiros meses de vida da criança.

Identificar precocemente os transtornos do espectro autista é fundamental para que se realize cedo uma intervenção, pois somente dessa forma é oferecida uma grande "janela de oportunidade" para ajudar na reversão de muitos sintomas.

A inteligência fica comprometida em grande parte das crianças com autismo, e cerca de 70% desses pacientes apresentam deficiência intelectual; contudo, algumas dessas crianças podem frequentar escolas e ter um desempenho acadêmico regular.

Os transtornos associados estão presentes na maioria dos casos, e as principais condições são o transtorno obsessivo-compulsivo, o transtorno de ansiedade generalizada, os transtornos de tiques e o transtorno de déficit de atenção/hiperatividade.

Preocupados com o comportamento do filho que ainda não estiver falando, que resistir aos cuidados paternos e que não interagir com outras pessoas, os pais devem procurar ajuda e orientação de um pediatra.

Bebês com autismo apresentam grande déficit no comportamento social, tendem a evitar contato visual e se mostram pouco interessados na voz humana. Eles não assumem uma postura antecipatória; por exemplo, colocando seus braços à frente para serem levantados pelos pais, ficam indiferentes ao afeto e não demonstram expressão facial ao serem acariciados.

Outra característica observada em alguns bebês e crianças pequenas com transtorno do espectro autista é que eles podem iniciar normalmente o desenvolvimento de habilidades sociais, mas de repente esse processo é interrompido e a criança começa a regredir em seu desenvolvimento. Por exemplo: a criança com dois anos de idade que para de falar, de mandar tchau e de brincar socialmente, como nos jogos do tipo pega-pega.

Quando crianças, não seguem seus pais pela casa e não demonstram ansiedade por se separar dos mesmos. Não se interessam em brincar com familiares ou com outras crianças nem por jogos e atividades de grupo. Suas ações podem se limitar a atos repetitivos e estereotipados, como cheirar e lamber objetos ou bater palmas e mover a cabeça e o tronco para a frente e para trás.

O interesse por brinquedos pode ser peculiar: a criança chega a gostar do movimento circular da roda de um carrinho ou do barulho executado por ele, por exemplo. Essas alterações estão relacionadas com respostas não usuais a experiências sensoriais diferentes vivenciadas pela criança.

Pode ocorrer fascinação por luzes, sons e movimentos que o despertem para um interesse muito grande, como pelo ventilador de teto ou por uma batedeira elétrica. A textura, o cheiro, o gosto, a forma ou a cor de um objeto também podem desencadear um interesse específico na criança.

O paciente autista pode se sentir incomodado por pequenas mudanças em sua rotina diária, o que resulta muitas vezes em violentos ataques de raiva. Também é observado que quase a totalidade de crianças autistas resiste em aprender ou praticar uma nova atividade.

Adolescentes autistas podem adquirir sintomas obsessivos, como ideias de contaminação, e apresentar comportamentos compulsivos e ritualísticos — por exemplo, toques repetitivos em certos objetos pessoais, rituais de lavagem e repetição de perguntas.

* * *

Destaco que um número importante de crianças apresenta características autísticas, mas sem preencher todos os critérios diagnósticos para o autismo. Nesses casos, elas possuem problemas significativos na área social, de comunicação, embora com menos prejuízos globais, e o transtorno pode ser denominado "autismo atípico".

Sinais de alerta em bebê:

- Evita contato visual (quando é amamentado, por exemplo).
- Não demonstra expressão facial ao ser acariciado.
- Não sorri quando você sorri para ele.
- Indiferente a alguma demonstração de afeto.
- Pouco interessado na voz humana.
- Não acompanha os objetos quando se movem.
- Não demonstra ansiedade quando você se afasta dele.
- Não eleva os braços para ser retirado do berço.
- Não responde quando chamado pelo nome.

Autismo na escola

- Não aponta para objetos.
- Não manda tchau.

- ❏ Não entende jogos sociais, como pega-pega ou esconde-esconde.
- ❏ Não utiliza gestos para se comunicar.
- ❏ Não imita seu comportamento ou suas expressões faciais.
- ❏ Não se interessa em brincar com outras crianças.
- ❏ Não há interesse por jogos e atividades de grupo.
- ❏ Não pede ajuda.
- ❏ Interesse peculiar por brinquedos ou por partes dele.
- ❏ Atos repetitivos e estereotipados.
- ❏ Ataques de raiva na presença de pequenas mudanças em sua rotina diária.
- ❏ Resiste em aprender ou a praticar uma nova atividade.

Quais são as causas?

Antigamente, acreditava-se que as chamadas "mães de geladeira" seriam as causadoras do autismo infantil. O termo se refere a crianças expostas a mães que demonstravam pouco ou nenhum afeto em relação aos filhos, eram negligentes e muitas vezes violentas. No entanto, elas não causam autismo, mas fatores ambientais podem ter uma participação indireta no desencadeamento da doença.

As causas do autismo infantil permanecem desconhecidas, mas diversos estudos indicam que fatores genéticos estão relacionados com a causa do transtorno, tais como insultos ao cérebro em desenvolvimento durante a gestação. Nesse caso, alterações estruturais cerebrais, fatores imunológicos, neurológicos, bioquímicos, além de fatores congênitos, como rubéola, encefalite e meningite, poderiam predispor a criança ao autismo.

O que fazer?

Um dos grandes problemas no tratamento do autismo e dos transtornos do espectro autista é a demora para a identificar os sintomas e o consequente atraso para se fazer o diagnóstico e iniciar o tratamento. Hoje sabemos que o autismo é um transtorno do comportamento que possui "janelas de oportunidade" para intervenção. Isso significa que, se esperarmos para agir, perdemos chances ímpares de promover a melhora desse paciente e limitamos a chance dele de obter sucesso no tratamento de determinados sintomas.

Comumente me deparo com casos em que a família demorou muito a procurar ajuda especializada, pois tinha se deparado com profissionais que assumiram o seguinte discurso: "Ele não tem nada, ele tem o tempo dele, vamos esperar." Existem marcos importantes do desenvolvimento infantil que precisam ser respeitados; caso a criança apresente atrasos neles, ela precisa ser investigada.

Logo, a precocidade do diagnóstico e do tratamento é fundamental, por ajudar bastante no prognóstico e fazer com que a criança seja tratada ainda em idade pré-escolar. Quanto mais cedo identificado o problema, melhor!

Intervenções conjuntas englobando psicoeducação, suporte e orientação de pais, terapia comportamental, fonoaudiologia, treinamento de habilidades sociais e medicação ajudam na melhoria da qualidade de vida da criança, proporcionando uma melhor adaptação no meio em que vive.

Um profissional importante no tratamento e no processo pedagógico dessa criança será o facilitador ou mediador escolar. Ele funcionará de elo entre educadores, pais e o estudante.

O mediador escolar trabalhará auxiliando a criança na sala de aula e em todos os ambientes escolares, como um "personal trainer", mediando e ensinando regras sociais, estimulando sua participação em sala, facilitando a interação social dela com outras crianças, corrigindo rituais e comportamentos repetitivos e acalmando o estudante em situações de irritabilidade e impulsividade.

Comportamentos agressivos, automutilantes, irritabilidade, instabilidade emocional, impulsividade e depressão podem ser muito amenizados com associação de medicamentos e técnicas de manejo comportamental.

Um tipo de tratamento comportamental que tem ganhado destaque atualmente pelo sucesso de suas intervenções é chamado Análise do Comportamento Aplicado ou ABA (*Applied Behavior Analysis*).

O método ABA é praticado por psicólogos experientes e consiste no estudo e na compreensão do comportamento da criança e de sua interação com o ambiente e as pessoas com quem ela se relaciona. A partir do conhecimento e do funcionamento social global da criança, são desenvolvidos estratégias e treinamentos específicos para corrigir comportamentos problemáticos e estimular comportamentos assertivos e práticos. A utilização de reforçadores positivos e recompensas é uma estratégia amplamente utilizada para auxiliar no sucesso do método.

O trabalho do fonoaudiólogo é muito importante no tratamento do portador de autismo e de transtornos do espectro autista, pois aproximadamente 40% dessas crianças adquirem algum grau de comunicação verbal, principalmente quando corretamente estimuladas, fato que também colabora para a melhoria de suas habilidades na interação social.

As atividades esportiva e de psicomotricidade também merecem destaque nas intervenções com crianças e adolescentes com autismo e outros transtornos do espectro autista, pois auxiliam muito no desenvolvimento de habilidades motoras e de consciência corporal, melhoram a autoestima, estimulam a socialização e aumentam a inclusão dessas crianças em eventos escolares e sociais.

Ressalto o belo trabalho de duas instituições brasileiras sem fins lucrativos: a Associação de Amigos do Autista (AMA) e a Autismo e Realidade.

Ambas as associações são formadas por pais, profissionais e pesquisadores que buscam a divulgação do conhecimento científico sobre o autismo, promovendo campanhas e atividades direcionadas a motivar e orientar as famílias em sua procura por diagnóstico, tratamento, educação e inclusão social. Lutar para eliminar preconceitos e despertar o interesse e a boa vontade da sociedade brasileira também é um dos objetivos dessas instituições que merecem todo respeito e apoio.

Caso clínico

André é um bebê de 11 meses que avaliei no consultório. Seus pais foram encaminhados pela escola-creche do filho. Segundo sua mãe, André parece indiferente ao afeto dos pais ou dos cuidadores, não é empático, não sorri nem tem interesse pelas pessoas.

"Doutor Gustavo, ele nunca olhou para mim, nem quando estou amamentando. O André é meu primeiro filho, mas vejo que ele é diferente das outras crianças da creche. Ele não eleva os braços para ser levantado do berço, não chora quando eu o deixo sozinho, não se interessa pela minha voz e não responde quando o chamo pelo nome. Já levamos ao oftalmologista e ao otorrino, não há perda visual ou auditiva! O que meu filho tem?"

Segundo a escola-creche, André não aponta para objetos, não manda tchau, não utiliza gestos para se comunicar e não entende jogos sociais básicos.

Após avaliar o pequeno André, juntamente com a escola e com sua família, formulei a hipótese diagnóstica de um transtorno do espectro autista, e optamos pelo início de um trabalho psicoeducacional e de estimulação precoce com uma equipe multidisciplinar envolvendo psicóloga cognitivo-comportamental, fonoaudióloga e psicomotricista.

Síndrome de Asperger

A síndrome de Asperger foi descrita pela primeira vez em 1944 pelo médico austríaco Hans Asperger. Ele descreveu crianças com déficit na socialização, interesses circunscritos, prejuízos na linguagem e na comunicação. Esta condição é classificada como um transtorno do espectro autista; no entanto, diferentemente do autismo infantil, a criança com síndrome de Asperger apresenta desenvolvimento cognitivo e intelectual normal e não apresenta atraso na aquisição da fala.

Quem introduziu, em 1981, o termo síndrome de Asperger no vocabulário médico foi a psiquiatra inglesa Lorna Wing, que ajudou a popularizar o diagnóstico a partir da tradução dos artigos originais de Hans Asperger publicados em alemão.

A incidência da síndrome de Asperger é de aproximadamente 0,3% de crianças e adolescentes em idade escolar e é bem mais prevalente em meninos do que em meninas.

O desenvolvimento inicial da criança parece normal, pois é inteligente e não há atraso significativo na aquisição da linguagem; contudo, no decorrer dos anos seu discurso torna-se diferente, monótono e peculiar. Esse padrão diferente de fala pode dar a impressão de que a criança verbaliza de uma maneira muito formal, sem utilização de gírias ou vícios de linguagem e se utilizando de palavras consideradas difíceis e rebuscadas. Hans Asperger as chamou de "pequenos professores", devido ao padrão peculiar de fala.

Essa dificuldade de flexibilidade e a persistência em falar de tópicos específicos parecem cansar as outras crianças, e, sob essa ótica, a criança com a síndrome se torna chata e repetitiva.

A criança com síndrome de Asperger é pouco habilidosa socialmente, o que leva a inadequações comportamentais e a dificuldades no entendimento das relações humanas. São inflexíveis, não lidam facilmente com mudanças e são emocionalmente vulneráveis e instáveis. Esse jovem pode apresentar um comportamento excêntrico, suas vestimentas podem se apresentar estranhamente alinhadas. Há prejuízo na coordenação motora e na percepção visoespacial. Esse jovem frequentemente apresenta interesses peculiares e pode passar horas assistindo ao canal da previsão do tempo na televisão ou estudando exaustivamente sobre seus assuntos preferidos, como dinossauros, Egito, carros, aviões ou mapas de ruas.

Síndrome de Asperger na escola

❏ Fala como um adulto, de maneira formal.
❏ Diálogos intermináveis sobre assuntos preferidos, como carros e dinossauros.
❏ Dificuldade para entender metáforas, ditados populares ou piadas.
❏ Dificuldade em iniciar e manter uma conversa.
❏ Dificuldade em manter contatos visuais.
❏ Dificuldade em se relacionar.
❏ Não reconhece expressões faciais.
❏ Dificuldade em entender os sentimentos dos outros.

> ❏ Apresenta poucos ou nenhum amigo (mesmo desejando tê-los).
> ❏ Não compreende regras sociais.
> ❏ Prefere a presença de adultos.
> ❏ Comportamento ritualístico.

Quais são as causas?

A alta incidência dentro de uma mesma família indica possível componente genético em sua causa, e alterações no córtex pré-frontal do cérebro de crianças com a síndrome de Asperger direciona os estudos científicos para a existência de possíveis fatores neurobiológicos envolvidos. Esse transtorno também acarreta maior vulnerabilidade para outras condições comportamentais, como o transtorno obsessivo-compulsivo, os transtornos do humor e a esquizofrenia.

O que fazer?

O tratamento da síndrome de Asperger assemelha-se um pouco com o do autismo, e trabalhar habilidades sociais desempenha uma função essencial na melhoria de muitos sintomas.

O aconselhamento familiar, a psicoterapia cognitivo-comportamental, com ênfase no treinamento de habilidades sociais, e o treinamento vocacional durante a adolescência também devem ser realizados.

A utilização de medicação é normalmente preconizada nos casos de transtornos comportamentais associados, como o transtorno obsessivo-compulsivo, a depressão, os transtornos ansiosos, os tiques e o transtorno de déficit de atenção/hiperatividade. As dificuldades de socialização provocadas pela síndrome de Asperger tornam muito difícil a capacidade de interação com outras crianças, o que tende a deixar o acometido solitário. Portanto, a estimulação da socialização por meio da iniciação em esportes coletivos, como futebol, basquete e vôlei, por exemplo, podem ajudar o estudante tanto na adequação e na interação social como no desenvolvimento de habilidades motoras. Devido à sua melhor habilidade intelectual e de comunicação, as respostas ao tratamento são mais promissoras do que no autismo infantil clássico.

Alguns jovens com a síndrome de Asperger, quando bem-estimulados, podem desenvolver estratégias que melhoram sua capacidade de interação social, além de promover uma vida independente, sendo absorvidos pelo mercado de trabalho, casando, tendo filhos e constituindo família.

Encorajo o amigo leitor que pesquise sobre a fascinante história de Temple Grandin, doutora em Ciência Animal e professora da Colorado State University. Ela é portadora da síndrome de Asperger e uma escritora de sucesso nos Estados Unidos, também defensora das causas dos portadores do espectro autista e fonte de inspiração para famílias no mundo todo.

Caso clínico

Fernando, 8 anos de idade, é um estudante de uma escola da Barra da Tijuca que acompanho no consultório. Sua mãe procurou minha ajuda fazendo o seguinte comentário:

"Doutor Gustavo, o Fernando é diferente das outras crianças, ele fala como um adulto, parece um professor."

Normalmente, essa diferença no padrão de fala de crianças portadoras da síndrome de Asperger é o que mais chama a atenção de pais e professores. Fernando apresentava um padrão de fala formal e mantinha diálogos intermináveis sobre seu assunto preferido: carros. Conhecia cada modelo de automóvel comercializado no Brasil, as características técnicas deles, além de informações sobre a localização das fábricas automotivas no Brasil e no exterior. *Apesar desse profundo conhecimento específico, Fernando não conseguia manter uma conversa com outras crianças, pois era rígido, não conseguia mudar de assunto, não olhava nos olhos delas durante um diálogo e era considerado chato. Embora desejasse novas amizades, não tinha amigos e preferia a companhia de adultos.*

O aluno era incapaz de entender metáforas, ditados populares ou piadas e não conseguia se colocar no lugar das outras crianças, pois não compreendia regras sociais e isso lhe gerava muita frustração e muita ansiedade.

Fernando iniciou um trabalho com um psicólogo cognitivo-comportamental duas vezes por semana, objetivando o desenvolvimento de habilidades sociais; seus pais recebem orientação psicoeducacional sobre diagnóstico e tratamento.

Atualmente, ele treina em uma escolinha de futebol da Barra da Tijuca quatro vezes na semana, faz aulas de violão e é frequentemente convidado para festas de aniversário de seus novos colegas!

CAPÍTULO 15

ESQUIZOFRENIA DE INÍCIO PRECOCE

A esquizofrenia de início precoce representa uma patologia do comportamento da infância e da adolescência de grande gravidade. Por definição, é uma condição comportamental que começa antes dos 18 anos de idade, em que o estudante apresenta sintomas psicóticos, com prejuízos significativos na cognição, no afeto e na habilidade de se relacionar com outras pessoas.

A esquizofrenia de início precoce é uma condição comportamental rara, afetando cerca de um ou dois em cada mil estudantes, sendo os meninos duas vezes mais acometidos que as meninas. Essa patologia prejudicará muito o desempenho acadêmico do estudante, pois a doença interfere na capacidade de adquirir novas habilidades e novos conhecimentos.

Uma das características fundamentais dessa doença é a presença de sintomas psicóticos. Caracteristicamente, psicose é a manifestação de delírios e alucinações. Delírio é uma alteração do conteúdo do pensamento, quando o jovem perde o juízo de realidade e a capacidade de distinguir o falso do verdadeiro. A presença desses pensamentos irreais compromete a compreensão dos fatos, e essas alterações terminam por comprometer a interação do acometido com outras pessoas. Nesse caso, a criança pode apresentar pensamentos bizarros, como: acreditar que alguém a está perseguindo ou tentando ler sua mente; que se comunica por telepatia; ou que a televisão envia informações codificadas para ela.

A alucinação é uma alteração da sensopercepção, isto é, a percepção real de algo inexistente. Tudo que pode ser percebido pelos cinco sentidos (audição, visão, tato, olfato e gustação) pode também ser fruto de alucinações, sendo as auditivas e visuais as mais frequentes. Nesses casos, a criança escuta ou vê algo que não existe, que não é real.

Esquizofrenia na escola

- Alucinações.
- Delírios.
- Embotamento afetivo.
- Empobrecimento da fala.
- Desorganização do pensamento.
- Isolamento social.
- Não olha nos olhos.
- Descuido com higiene pessoal.
- Dificuldade na aprendizagem.

Quais são as causas?

A esquizofrenia é uma condição médica importante, tem origem neurobiológica e está relacionada com alterações cerebrais químicas de ordem genética. Estudos científicos evidenciam que alterações genéticas estão envolvidas em associação com fatores ambientais. Para se ter uma ideia da importância dos fatores genéticos nessa doença, se uma pessoa é portadora de esquizofrenia, a chance de um filho apresentar o problema é dez vezes maior, se comparado com filhos de pais sem a patologia.

Apesar de haver fortes indícios da origem genética da doença, aspectos ambientais também devem ser considerados, pois estudos indicam que eles podem funcionar como gatilhos para o disparo dessa grave condição comportamental.

Isso significa que crianças que apresentam possíveis alterações de genes ligados à esquizofrenia, quando expostas intensamente a agentes ambientais agressores — como uso de drogas, estresse, violência doméstica física e emocional, negligência e pobreza extrema —, podem ter esses genes ativados para a doença.

Dessa forma, essa interação entre genética e agentes estressores ambientais pode desencadear a esquizofrenia, e a manutenção dos agentes estressores pode piorar e agravar os sintomas da doença, interferindo ativamente no curso, no prognóstico e na gravidade da patologia.

Diversos problemas comportamentais podem simular os sintomas da esquizofrenia: é o que chamamos de diagnóstico diferencial. Alguns exemplos de condições médicas que podem ser confundidas com os sintomas da esquizofrenia são: depressão, transtorno bipolar, transtorno psicótico breve, transtorno obsessivo-compulsivo, autismo infantil, uso de drogas e estresse.

Sendo assim, a avaliação comportamental deve ser muito cuidadosa, pois são inúmeros os diagnósticos diferenciais da doença em questão. Além disso, o médico psiquiatra da infância e da adolescência deve ser habilidoso para discernir a presença de sintomas psicóticos em um paciente tão jovem, visto que a infância é um período natural do desenvolvimento em que há pensamentos mágicos, criação de amigos imaginários, fantasias e farta imaginação.

O que fazer?

O tratamento da esquizofrenia de início precoce deve envolver psicoeducação sobre a doença, medicamentos, psicoterapia familiar e psicoterapia cognitivo-comportamental.

A psicoeducação representa o importante papel de informação do paciente e de sua família sobre o problema, suas causas, seus sintomas, suas consequências e a orientação sobre a necessidade de comprometimento de todos com o tratamento. Oferecer suporte e apoio emocional é fundamental para isso e deve envolver toda a família. No Brasil, existem associações de familiares de apoio aos portadores de esquizofrenia, como a ABRE (Associação Brasileira de Familiares, Amigos e Portadores de Esquizofrenia).

O tratamento medicamentoso será muito importante, e a medicação incluirá os chamados neurolépticos ou antipsicóticos. O objetivo destes será a diminuição dos sintomas de delírios, das alucinações e do embotamento afetivo presentes nesses jovens pacientes.

A psicoterapia familiar e a psicoterapia cognitivo-comportamental serão estratégias muito significativas, podendo envolver técnicas para diminuição da ansiedade, redução de possíveis sintomas depressivos, técnicas de resolução de problemas e treinamento em habilidades sociais para a criança ou o adolescente. Todas essas intervenções serão importantes para a melhoria dos sintomas, o engajamento no tratamento e a melhoria da qualidade de vida do paciente e de seus familiares.

A escola poderá ajudar muito na inclusão social e educacional desse estudante, estimulando e motivando sua participação nas aulas e nos trabalhos em grupo, o protegendo contra atos de bullying, o incluindo em atividades esportivas e interações sociais durante o recreio e os passeios educativos.

Os estudos ilustram que quanto mais tardio é o início do tratamento, piores serão os sintomas, e a evolução do quadro terá um pior prognóstico. Portanto, a expressão-chave no tratamento da esquizofrenia de início precoce será: precocidade da intervenção!

ESQUIZOFRENIA DE INÍCIO PRECOCE

Infelizmente, a esquizofrenia é uma doença crônica, e possivelmente o jovem necessitará de tratamento por toda a vida. Entretanto, intervenções conjuntas — incluindo tratamento médico e psicológico, e bom envolvimento social do jovem, de sua família e de amigos — podem contribuir muito para a melhoria da qualidade de vida de todos.

Caso clínico

Rodrigo é um garoto de 12 anos de idade, filho de pais separados, vive com a mãe e uma irmã de 8 anos na Lagoa, Rio de Janeiro. A mãe de Rodrigo me procurou após se preocupar com o comportamento estranho do filho nos meses anteriores à consulta. Rodrigo fora sempre uma criança tímida, com poucos amigos, mas com um bom desempenho acadêmico.

Quatro meses antes de eu conhecê-lo, passou a se isolar de todas as crianças no recreio. Seu desempenho acadêmico caiu muito e ele se desinteressou pelo judô e pelo futebol, atividades praticadas com entusiasmo havia anos. Ele passou a falar repetidamente sobre uma vizinha que desejava matá-lo pela recusa do jovem em contar a ela o "segredo macabro de Harry Pot-

ter e o vampiro amaldiçoado de Ipanema". Ele verbalizava constantemente que ouvia a "voz do vampiro Edward" sussurrando em seu ouvido sobre a vida da vizinha.

Rodrigo tinha perdido hábitos de higiene — como escovar os dentes — e se recusava a tomar banho, pois dizia que uma magia negra criada pela vizinha iria contaminá-lo para sempre.

O jovem passou por uma avaliação médica comportamental completa, fez exames sanguíneos complementares, e eu solicitei uma avaliação escolar. Foi afastado qualquer problema clínico que pudesse justificar os sintomas apresentados, inclusive possível transtorno de humor, e dei início à medicação antipsicótica.

O estudante iniciou sessões de psicoterapia cognitivo-comportamental com treinamento em habilidades sociais, sua família iniciou acompanhamento psicológico com ênfase em orientação psicoeducacional e psicossocial. A escola também foi orientada a incluir o estudante social e academicamente. Vale a pena ressaltar que o diagnóstico de esquizofrenia de início precoce foi fechado após seis meses de tratamento e acompanhamento da evolução dos sintomas.

CAPÍTULO 16

Transtorno de Ajustamento

O transtorno de ajustamento na infância e na adolescência pode ser definido como o aparecimento de sintomas emocionais e alterações de comportamento em resposta a um fator estressor específico. Esses sintomas e alterações costumam aparecer nos primeiros três meses após o início desse fator estressor e podem ser representados por sentimentos de tristeza, falta de motivação, ansiedade e irritabilidade. Há muito sofrimento, algo considerado exagerado e que excede o que seria esperado normalmente, dada a natureza desse estresse.

Quando uma criança é reprovada na escola, é natural que ela se sinta triste, desmotivada em estudar e com prejuízo de sua autoestima. Entretanto, isso não caracteriza uma condição patológica. O transtorno de ajustamento estará presente se os sintomas decorrentes desse estressor forem intensos a ponto de a criança não conseguir mais brincar ou se divertir. Se os sintomas de ansiedade e tristeza passarem a prejudicar intensamente a vida dela, poderemos estar presenciando um caso de transtorno de ajustamento.

Da mesma forma, quando ocorre a morte de um familiar muito querido, o luto é um período natural que a criança ou o adolescente vivenciará. Sentimentos de tristeza e choro não significam que o estudante está com depressão ou passando por um transtorno de ajustamento. Entretanto, se os sintomas estiverem interferindo intensamente em suas vidas, provocando sofrimento e prejuízos significativos em seus relacionamentos sociais, por exemplo, uma avaliação médico-comportamental deverá ser realizada por um médico especialista em psiquiatria da infância e adolescência.

Outros exemplos de situações a que precisamos estar atentos são: separação e divórcio dos pais, mudança de moradia, crise financeira dos pais, término de um relacionamento amoroso, ser vítima de comportamento bullying na escola.

O transtorno de ajustamento normalmente tem duração de até seis meses após o término do estressor; entretanto, caso o este seja crônico — exemplo: uma condição médica como diabetes, epilepsia ou câncer —, o problema comportamental pode persistir por mais tempo.

Estudos científicos indicam prevalência de transtornos de ajustamento em entre 2% e 8% por cento das crianças e dos adolescentes; por esse motivo, devemos estar atentos aos sintomas.

Transtorno de ajustamento na escola

Sintomas emocionais relacionados com um fator estressor específico:

- ❏ Queda abrupta no desempenho acadêmico.
- ❏ Problemas de relacionamento social.
- ❏ Brigas no recreio.
- ❏ Sofrimento acentuado.
- ❏ Ansiedade.
- ❏ Irritabilidade.
- ❏ Tristeza.
- ❏ Falta de motivação.
- ❏ Prejuízo na autoestima.

Quais são as causas?

O transtorno de ajustamento está relacionado com um agente estressor específico. No entanto, por que alguns estudantes respondem melhor à morte de um familiar querido, ao término de um namoro, à separação conjugal dos pais ou a mudanças de cidades? Por que alguns estudantes respondem pior ao estresse quando comparados com outros jovens? A resposta está relacionada a fatores genéticos, ou seja, intrínsecos a cada pessoa. Algumas crianças e alguns adolescentes conseguem lidar melhor com condições adversas. Isso se deve à constituição genética de cada um aliada a fatores psicossociais, como suporte emocional e apoio de pais, cuidadores, amigos, professores, coordenadores pedagógicos e outras pessoas que formam a rede de apoio social desse estudante.

Quando o transtorno de ajustamento está presente, podem aparecer sintomas depressivos, ansiosos e também de conduta, onde há a presença de comportamento delinquencial, quebra de regras sociais, brigas e furtos, por exemplo.

Devido à presença de sintomas característicos de outras condições comportamentais — como depressão, transtornos de ansiedade, transtorno desafiador opositivo e transtorno de conduta —, a avaliação médica comportamental deve ser cuidadosa e criteriosa para não haver o risco de se diagnosticar erroneamente a criança ou o adolescente.

O que fazer?

O tratamento do transtorno de ajustamento deve ser iniciado com um bom trabalho psicoeducativo envolvendo o estudante, seus pais ou responsáveis, escola e demais pessoas envolvidas com a criança ou o adolescente. A formação e a capacitação dessa rede de apoio familiar serão fundamentais para o sucesso no tratamento.

A eliminação do fator estressor, quando possível, será importante, assim como o trabalho com técnicas cognitivo-comportamentais de resolução de problemas e enfrentamento do agente estressor.

Medicamentos podem ser utilizados em situações específicas como ferramentas de suporte para o alívio de alguns sintomas, mas têm caráter coadjuvante na terapêutica dos transtornos de ajustamento, cabendo ao médico especialista julgar a necessidade desse uso.

Caso clínico

Juliana é minha paciente há alguns meses. Ela é uma estudante de 11 anos de idade, cursando o sexto ano do ensino fundamental de um colégio tradicional de Botafogo, Rio de Janeiro. Era líder de turma e aluna exemplar, mas passou a apresentar uma queda abrupta em seu desempenho acadêmico no mês anterior à consulta comigo; foi encaminhada três vezes à direção pedagógica do colégio devido a brigas no recreio escolar e a uma tentativa de furto de balas na cantina da escola. Segundo seus pais, então há aproximadamente dois meses tinha havido o falecimento de um tio muito querido da estudante e há algumas semanas ela tinha tomado conhecimento de que seus pais estão se divorciando.

Após avaliação médica comportamental completa, diagnostiquei Juliana com transtorno de ajustamento. Ela iniciou sessões de psicoterapia cognitivo-comportamental, seus pais e coordenadores escolares receberam informação psicoeducacional e foram orientados sobre o problema.

Transtorno de Ajustamento

Seis meses após o início do tratamento, os sintomas regrediram, seus desempenhos acadêmico e social melhoraram e Juliana recebeu alta do tratamento.

CAPÍTULO 17

Transtornos Alimentares

Os transtornos alimentares são problemas comportamentais frequentes entre adolescentes, principalmente nas meninas. Culturalmente, somos ensinados de que a magreza é fundamental e bela, e não é difícil conhecer mulheres, adolescentes e até mesmo crianças fazendo dietas para emagrecer. Quando não diagnosticadas e tratadas adequadamente, essas condições médicas são graves e potencialmente fatais. Para se ter uma ideia da gravidade, cerca de 10% dos pacientes morrem em decorrência de complicações do distúrbio ou por suicídio.

Os transtornos alimentares apresentam incidência de cerca de 1% da população infantojuvenil, e, embora possam estar presentes no sexo masculino, esses transtornos afetam meninas e mulheres em até 90% dos casos.

As causas dos transtornos alimentares estão relacionadas com fatores biológicos, psicológicos e ambientais. Comumente, fatores sociais estão relacionados com a origem do problema, e alguns grupos populacionais merecem atenção especial, pois muitas vezes valorizam em excesso o culto à magreza e à aparência estética, como: bailarinas, modelos e atrizes.

O tratamento será realizado por uma equipe multidisciplinar, incluindo médico psiquiatra, clínico geral, psicólogo e nutricionista, e deve ser iniciado com orientação psicoeducacional aos familiares e ao paciente sobre as características do problema e a necessidade de tratamento médico. Normalmente, a intervenção não requer internação hospitalar; entretanto, em casos graves, esta pode ser utilizada.

O próximo passo será estabelecer metas para melhoria nutricional, assim como reorganizar hábitos alimentares saudáveis, livres de comportamentos evitativos ou compulsivos. Por esse motivo, o trabalho de uma nutricionista será fundamental para o sucesso do tratamento.

Alguns medicamentos podem ser utilizados também com o objetivo de diminuir a ansiedade ou os sintomas depressivos, comumente presentes. Terapia cognitivo-comportamental, terapia familiar e intervenções escolares também devem ser utilizadas para que haja sucesso no tratamento.

Neste capítulo, darei ênfase à descrição dos dois transtornos alimentares mais predominantes na adolescência: anorexia nervosa e bulimia nervosa.

Anorexia nervosa

A anorexia nervosa pode ser definida como um transtorno alimentar em que a paciente se recusa a manter o peso corporal na faixa normal mínima. Existe um medo de engordar e a chamada dismorfofobia, uma alteração da percepção da imagem corporal, por meio da qual a paciente, mesmo magra, se enxerga gorda e acima do peso. Outra característica presente nas jovens é a amenorreia, a interrupção da menstruação por mais de três meses.

Nas crianças e nos adolescentes, por estarem em fase de crescimento, a perda de peso pode não ser evidente, entretanto podemos observar uma dificuldade muito grande para se ganhar o peso esperado para a idade.

Um dos critérios utilizados para se determinar o peso mínimo normal de cada pessoa é a utilização de uma fórmula matemática denominada Índice de Massa Corporal (IMC). O IMC é calculado da seguinte forma: peso corporal em quilogramas dividido pelo quadrado da altura em metros. Valores inferiores a 17,5 kg/m² são considerados abaixo do peso corporal mínimo.

Algumas pacientes podem utilizar técnicas purgativas, como provocar de vômitos após a alimentação, usar laxantes e diuréticos e praticar exercícios físicos vigorosos. Todos esses métodos são utilizados com o objetivo de perder peso.

Esses pacientes comumente apresentam preocupações excessivas com o valor calórico dos alimentos, recusam-se a se alimentar, justificando que estão acima do peso e que engordar mais seria inaceitável. Não há percepção do problema, e nesses casos a baixa autoestima é frequente, assim como sentimentos de invalidez e tristeza. A presença de transtornos comportamentais associados, como depressão e transtornos ansiosos, são comuns e podem piorar o prognóstico.

Alguns problemas clínicos graves e potencialmente fatais relacionados com a anorexia nervosa são: alterações eletrocardiográficas, perdas ósseas e musculares, carências vitamínicas, anemias, distúrbios hormonais e hidroeletrolíticos (desequilíbrio dos sais minerais do organismo).

Anorexia nervosa na escola

- Magreza evidente.
- Pele ressecada.
- Perda de esmalte dentário.
- Utilização de roupas folgadas e sobrepostas.
- Queixas com relação à aparência pessoal.
- Preocupações excessivas com valor calórico de alimentos.
- Vômitos após refeições.
- Uso de laxantes, diuréticos e emagrecedores.
- Queixas físicas de cansaço, fraqueza e indisposição.
- Medo de engordar.

Caso clínico

Júlia, 13 anos de idade, é uma estudante do oitavo ano do ensino fundamental de uma escola na Barra da Tijuca, Rio de Janeiro. Os pais me procuraram devido à preocupação com o peso corporal da filha e por identificarem episódios de indução de vômitos após refeições e recusa da jovem em se alimentar por se considerar "acima do peso". A mãe testemunha cerca de três episódios diários de vômitos, sempre após as refeições.

Segundo relato dos pais, os sintomas de Júlia se intensificaram no mês anterior à consulta, quando ela fez um teste a fim de ser selecionada para um novo elenco de novela de uma grande emissora de televisão brasileira. A reprovação no teste a deixou muito ansiosa, e os sintomas se intensificaram.

Para a consulta, apesar do calor do verão carioca, Júlia foi vestida com roupas largas, calças e camisa comprida, como se quisesse esconder sua magreza. A pele dela era muito seca, e a perda de esmalte dentário, evidente (o que é muito comum devido aos vômitos diários). Júlia apresenta IMC de 16,8kg/m².

"Não preciso de psiquiatra, preciso emagrecer só mais dois quilinhos. Meus pais têm mania de pegar no meu pé. Olha meu abdômen, doutor, gordura localizada, isso só sai com lipoescultura e muita dieta."

Apesar da negação e da dificuldade na percepção do emagrecimento exagerado, os sintomas de anorexia nervosa eram claros. A paciente e seus familiares foram orientados sobre a gravidade do problema, e combinamos que ela seria acompanhada por uma equipe multidisciplinar, incluindo também um clínico geral, uma nutricionista e uma psicóloga cognitivo-comportamental.

Bulimia nervosa

A bulimia nervosa é definida como um transtorno alimentar em que o paciente come compulsivamente, em verdadeiras orgias alimentares. Nelas, essa pessoa, que experimenta uma sensação de falta de controle sobre o comportamento alimentar, é capaz de se alimentar de uma grande quantidade de comida em um curto espaço de tempo.

Dessa forma, o que observamos são adolescentes que fazem esses rituais de consumo exagerado de alimentos, sempre relacionados com uma ansiedade intensa e um desejo incontrolável por comida. Após esse comportamento compulsivo, há culpa, tristeza, vergonha, medo de engordar, arrependimento e ainda mais ansiedade. Como mecanismo de alívio de todos esses sentimentos, ocorrem atos compensatórios para evitar o ganho de peso: utilização de métodos purgativos e realização de muito exercício físico.

Normalmente, as pacientes com bulimia estão dentro da faixa normal de peso e comorbidades, como transtornos ansiosos e depressivos, estão presentes. Muitas portadoras de bulimia nervosa podem apresentar transtornos de personalidade associados, como o de personalidade *borderline*.

Bulimia nervosa na escola

❏ Compulsão alimentar.

❏ Arrependimento após alimentação.

❏ Ansiedade exagerada relacionada com o comportamento alimentar.

❏ Medo de engordar.

❏ Insatisfação com o corpo.

❏ Preocupações excessivas com valor calórico de alimentos.

❏ Vômitos após refeições.

❏ Uso de laxantes, diuréticos e emagrecedores.

❏ Exercícios físicos vigorosos objetivando a perda de peso.

Caso clínico

Mariana, 17 anos de idade, cursa o terceiro ano do ensino médio em um colégio particular de Niterói. A jovem me foi encaminhada por um médico clínico que a atendeu após um incidente numa academia de ginástica. Segundo o que foi investigado, Mariana desmaiou na esteira após correr por duas horas sem se reidratar.

Os pais da adolescente disseram que já estavam preocupados com o comportamento da filha. Aparentemente com peso normal, ela se mostrava sempre insatisfeita e preocupada com a balança.

O pai relatou que são comuns as crises de ansiedade e choro, seguidas do consumo exagerado de comida. Segundo ele, no dia do incidente na academia, após uma violenta briga com o namorado, ela comeu uma pizza portuguesa tamanho família sozinha, bebeu um litro de refrigerante e um pote inteiro de sorvete.

"Fiquei muito preocupado, depois vi que ela se escondeu no banheiro e induziu o vômito. Passaram-se algumas horas, ela trocou de roupa e correu para academia."

CAPÍTULO 18

DISLEXIA

A dislexia é um transtorno de aprendizagem específico da leitura, caracterizado por dificuldades de reconhecimento de letras, decodificação e soletração de palavras, decorrência de um comprometimento no desenvolvimento de habilidades fonológicas.

A dislexia causa grande dificuldade na leitura e problemas na escrita. Essas dificuldades provocarão prejuízos desde a alfabetização até a idade adulta e, por isso, merecem atenção especial de educadores e pais. O transtorno afeta aproximadamente 3% a 10% das crianças e acomete mais meninos do que meninas.

Como é o processo da leitura?

O ato de ler é um processo complexo e depende de uma rápida e fluente decodificação com reconhecimento dos grafemas (letras) que formam as palavras. Basicamente pode ser dividido em duas grandes funções: a atividade de análise, através da qual ocorre a associação letra-som (decodificação) e o reconhecimento de palavras, com acesso a seu significado; e o processo de construção, no qual ocorre a formação de frases e o acesso a seus significados, à compreensão dos enunciados e à relação com conhecimentos prévios.

Crianças com dislexia apresentam dificuldade na primeira função, na atividade de análise. Elas não conseguem associar uma letra a seu som, então, dessa forma, apresentam dificuldade em identificar fonologicamente esses símbolos. Além disso, o processo de construção de frases é prejudicado pelo "esforço" despendido para se agruparem as diferentes letras, com diferentes sons para se formarem as palavras.

O disléxico achará complicado analisar conteúdos, poderá apresentar leitura lenta, com dificuldade, por exemplo, para: ler legendas numa tela de cinema ou entender enunciados e frases; aprender outros idiomas; e escrever, apresentando erros de concordância verbal, inversões, trocas ou omissões de letras durante a elaboração de textos.

Algumas dificuldades básicas frequentemente observadas em crianças com dislexia são: leitura lenta, monossilábica, com pouca entonação de voz e com tropeços na leitura de palavras longas. Normalmente ocorre uma tentativa de adivinhação de palavras, e muitas vezes existe a necessidade de uso do contexto para se entender o que está sendo lido. Por outro lado, ao escutar um texto lido, não há dificuldade de compreensão, evidenciando-se de que se trata de uma dificuldade específica da leitura.

Dislexia na escola

- Atraso na aquisição de linguagem.
- Dificuldade de alfabetização.
- Dificuldade em aprender os nomes das letras.
- Dificuldade para se lembrar de símbolos e para aprender o alfabeto.
- Trocas na fala.
- Dificuldade para separar e sequenciar sons e palavras.

- ❑ Dificuldade para aprender a ler, escrever e soletrar.
- ❑ Dificuldade em aprender palavras novas.
- ❑ Dificuldade em nomear.
- ❑ Dificuldade na aprendizagem de músicas com rimas.
- ❑ Pronúncia incorreta de palavras.
- ❑ Dificuldade na habilidade motora fina (na preensão do lápis e na escrita).
- ❑ Dificuldade em copiar do quadro.
- ❑ Nível de leitura abaixo do esperado para sua idade.
- ❑ Dificuldade para entender enunciados nas provas.
- ❑ Dificuldade na elaboração e na compreensão de textos.
- ❑ Dificuldade para aprender outros idiomas.
- ❑ Dificuldade em memorizar tabuadas, figuras geométricas e mapas.
- ❑ Leitura vagarosa e com erros.
- ❑ Vocabulário pobre para a idade.

Quais são as causas?

As causas da dislexia não estão bem-estabelecidas, mas acredita-se em um funcionamento peculiar do cérebro para o processamento da leitura e da escrita. Possivelmente existe uma disfunção cerebral, um distúrbio do processamento temporal em que funções de percepção, repetição, armazenamento, nomeação, recuperação e acesso à informação estejam comprometidos.

O processo de leitura envolve a ativação de múltiplas regiões do cérebro, como o córtex visual nos lobos occipitais, o giro angular esquerdo, o lobo temporal esquerdo e a área de Wernicke, onde há a decodificação fonológica com a tradução da linguagem escrita para os sons de fala. Deficiências em qualquer uma dessas regiões pode acarretar uma dificuldade específica na leitura.

O que fazer?

É essencial para o diagnóstico e o início do tratamento que os professores identifiquem precocemente sintomas de transtorno. Quanto mais cedo identificado, menores serão os prejuízos acadêmicos e sociais a que essa criança estará exposta. Muitas vezes elas apresentam baixa autoestima e são estigmatizadas como crianças que não aprendem ou que não se esforçam.

Alterações visuais, auditivas e retardo mental devem ser descartados, e posteriormente a avaliação fonoaudiológica será capaz de dar o diagnóstico com precisão.

Estudos científicos internacionais correlacionam a dislexia com uma série de transtornos comportamentais — como o transtorno de déficit de atenção/hiperatividade, encontrado em aproximadamente 25% dos jovens com dislexia, a depressão infantil e os transtornos ansiosos.

Desta forma, essas condições associadas, caso estejam presentes, também devem ser investigadas e tratadas. Além disso, pode haver outros transtornos de aprendizagem, como a discalculia (transtorno de aprendizagem específico da matemática) e a disortografia (transtorno de aprendizagem específico da escrita), que também merecem tratamento concomitante.

O tratamento da dislexia baseia-se em programas fonoaudiológicos associados à psicoeducação e a aulas de reforço (caso haja prejuízos pedagógicos). O grau de melhora dependerá da gravidade dos sintomas e das condições de estimulação e apoio oferecidas à criança ou ao adolescente com dislexia.

O trabalho psicoeducacional e informativo aos pais e professores também será fundamental para se impedirem os prejuízos relacionados com a desinformação, o preconceito e a estigmatização, que muitas vezes rotulam esses jovens como "preguiçosos", "incapazes" ou "incompetentes". No Brasil, algumas instituições como a ABD (Associação Brasileira de Dislexia) e a AND (Associação Nacional de Dislexia) prestam orientação a pais e familiares de crianças e adolescentes com dislexia, oferecendo informações sobre as estratégias de tratamento do transtorno de aprendizagem.

Além disso, muitos cursos e congressos são organizados com a intenção de auxiliar professores, gestores educacionais e profissionais da saúde mental infantil, os instruindo sobre os avanços nas intervenções terapêuticas e educacionais para a melhoria de crianças e adolescentes acometidos pela dislexia.

Caso clínico

Maria Fernanda é uma estudante de 10 anos de idade que cursa pela segunda vez o quarto ano do ensino fundamental, e sua mãe me procurou devido aos prejuízos acadêmicos e à dificuldade da filha em prestar atenção na sala de aula e em ler e escrever.

Avaliei a aluna por meio de uma investigação médica comportamental completa. Foi descartada a presença de problemas comportamentais como o transtorno de déficit de atenção; entretanto, ficou evidente uma dificuldade específica na leitura. Segundo relato da mãe, Maria Fernanda demorou para ser alfabetizada e sempre apresentou dificuldades na leitura e na escrita.

Seu desempenho escolar em português e inglês era muito ruim, ela apresentava leitura vagarosa e abaixo do esperado para sua idade, resultando em dificuldade para entender enunciados nas provas e para elaborar e compreender textos.

Encaminhei a jovem para um serviço de fonoaudiologia, que diagnosticou um quadro de dislexia. Maria Fernanda iniciou acompanhamento fonoaudiológico e psicopedagógico, e após um ano de tratamento seu rendimento acadêmico melhorou muito. Hoje ela apresenta uma evolução satisfatória na escola.

CAPÍTULO 19

PÁGINAS NA WEB

A rede mundial de computadores disponibiliza uma série de endereços eletrônicos através dos quais se tem fácil acesso à informação. A seguir, listo alguns deles, onde textos e informações relacionados com os transtornos comportamentais da infância e da adolescência podem ser encontrados.

Associação de Amigos do Autista — AMA:
www.ama.org.br
Associação Brasileira do Déficit de Atenção — ABDA:
www.tdah.org.br
Associação Brasileira de Dislexia — ABD:
www.dislexia.org.br

Associação Brasileira de Familiares, Amigos e Portadores de Esquizofrenia — ABRE:
www.abrebrasil.org.br

Associação Brasileira de Familiares, Amigos e Portadores de Transtornos Afetivos — ABRATA:
www.abrata.org.br

Associação Brasileira de Neurologia, Psiquiatria Infantil e profissões afins— ABENEPI:
www.abenepi.com.br

Associação Brasileira de Psicopedagogia — ABPP:
www.abpp.com.br

Associação Brasileira de Psicoterapia Cognitiva — ABPC:
www.abpcbrasil.com.br

Associação Brasileira de Síndrome de Tourette, Tiques e Transtorno Obsessivo-Compulsivo — ASTOC:
www.astoc.org.br

Associação Nacional de Dislexia — ANDISLEXIA:
www.andislexia.org.br

Centro de Valorização da Vida:
www.cvv.org.br

Comportamento infantil:
www.comportamentoinfantil.com

Federação Nacional das APAES:
www.apaebrasil.org.br

Observatório da Infância:
www.observatoriodainfancia.com.br

Programa de Transtornos Alimentares do Instituto de Psiquiatria do HCFMUSP:
www.ambulim.org.br

Páginas na Web

Psiquiatria Infantil:
www.psiquiatriainfantil.com.br
Safernet Brasil:
www.safernet.org.br
Todos pela Educação:
www.todospelaeducacao.org.br
Unidade de Pesquisas em Álcool e Drogas — UNIAD/UNIFESP:
www.uniad.org.br

Sites de referência

American Academy of Child and Adolescent Psychiatry:
www.aacap.org
Anxiety and Depression Association of America:
www.adaa.org
Autism Society of America:
www.autism-society.org
The Balanced Mind Foundation.
www.thebalancedmind.org
Children and Adults with Attention Deficit/Hyperactivity Disorders:
www.chadd.org
The International Dyslexia Association:
www.interdys.org
National Institute on Drug Abuse for Teens:
www.teens.drugabuse.gov

National Institute of Mental Health (NIMH):
www.nimh.nih.gov
NYU Child Study Center:
www.aboutourkids.org

Referências Bibliográficas

AMERICAN ACADEMY OF CHILD AND ADOLESCENT PSYCHIATRY. Disponível em www.aacap.org. Acessado em 02/01/2013.
AMERICAN PSYCHIATRIC ASSOCIATION. *Diagnostic and statistical manual of mental disorders*. 4ª ed., Washington, D.C.; American Psychiatric Association, 1994.
AMERICAN PSYCHIATRIC PUBLISHING. *Textbook of child and adolescent psychiatry*, 3ª ed., Washington, D.C.; American Psychiatric Publishing, 2004.
ARANA, G. W. *Handbook of psychiatric drug therapy*, 4ª edição, Filadélfia, PA, Lippincott Williams & Wilkins, 2000.
ASSOCIAÇÃO NACIONAL DE DISLEXIA. Disponível em www.andislexia.org.br. Acessado em 02/01/2013.

ASSUNÇÃO, F. B. *A psiquiatria infantil brasileira. Um esboço histórico*, São Paulo: Lemos Editorial, 1995.

_____, e KUCZYNSKI, E. *Tratado de psiquiatria da infância e adolescência*, São Paulo: Editora Atheneu, 2003.

BOUER, J. *Tudo sobre álcool, cigarro e drogas*, 1ª ed., São Paulo: Editora Panda, 2004.

CASH S. J. *Epidemiology of Youth Suicide and Suicidal Behavior*. Curr Opin Pediatr. Outubro de 2009; 21(5): 613-619

CENTERS FOR DISEASE CONTROL AND PREVENTION. *2007 Youth Risk Behavior Survey*. [6/19/2009]. Disponível em www.cdc.gov/yrbs/. Acessado em 02/01/2013.

_____. *National Center for Injury Prevention and Control. Web-based Injury Statistics Query and Reporting System (WISQARS)* Disponível em www.cdc.gov/ncipc/wisqars. Acessado em 19/06/2009.

CORDÁS, T. A. *Depressão: da bile negra aos neurotransmissores, Uma introdução histórica*, São Paulo: Lemos Editorial, 2002.

CORDIOLI, A. V. *Psicofármacos: consulta rápida*, 4ª ed., Porto Alegre: Artmed Editora, 2010.

DAVIS, M. R. *School success for kids with emotional and behavioral disorders*. Waco: Prufrock Press Inc., 2011

DEL PRETTE, Z. e DEL PRETTE, A. *Psicologia das habilidades sociais: terapia e educação*. Petrópolis, Rio de Janeiro: Vozes, 1999.

EACON D. K. et al. *Youth risk behavior surveillance*. Estados Unidos, 2007. MMWR Surveill Summ. 6 de junho de 2008; 57(4):1-131.

REFERÊNCIAS BIBLIOGRÁFICAS

GOLDSMITH S. K. et al. *Reducing Suicide: A National Imperative.* Washington, D.C.: National Academy Press, 2002.

IBGE. Disponível em www.ibge.gov.br/brasil_em_sintese. Acessado em 02/01/2013.

THE INTERNATIONAL DYSLEXIA ASSOCIATION. Disponível em www.interdys.org. Acessado em 02/01/2013.

KAPLAN, H. I.; SADOCK, B. J.; e SADOCK, V. A. *Compêndio de psiquiatria: ciências do comportamento e psiquiatria clínica,* 7ª ed., Porto Alegre: Artmed, 1997.

KOLB, B.; WHISHAW, I.Q. *An introduction on brain and behavior,* Worth Publishers, 2001.

LARANJEIRA, R. "Usuários de substâncias psicoativas: abordagem, diagnóstico e tratamento", 1ª ed., Conselho Regional de Medicina do Estado de São Paulo/Associação Médica Brasileira, São Paulo, 2002.

MATTOS, P. *No mundo da Lua: Perguntas e respostas sobre transtorno do déficit de atenção com hiperatividade em crianças, adolescentes e adultos,* 3ª ed., São Paulo: Lemos Editorial, 2003.

MINISTÉRIO DA EDUCAÇÃO. Disponível em www.mec.gov.br. Acessado em 02/01/2013.

ORGANIZAÇÃO MUNDIAL DE SAÚDE. *Classificação estatística internacional de doenças e problemas relacionados à saúde.* 10ª ed. São Paulo: Editora da Universidade de São Paulo, 1996.

PRUITT, D.B. *Your adolescent: what every parent needs to know: What's normal, what's not, and when to seek help,* 1ª ed., American Academy of Child and Adolescent Psychiatry, Nova York: HarperCollins, 1999.

_____. *Your child: what every parent needs to know about childhood development from birth to preadolescence*, 1ª ed., American Academy of Child and Adolescent Psychiatry, Nova York: Harper Collins, 1998.

RANGÉ, B. *Psicoterapias cognitivo-comportamentais: um diálogo com a psiquiatria*, Porto Alegre: Artmed, 2001.

RUTTER, M; e TAYLOR, E. *Child and Adolescent Psychiatry*, 4ª ed., Blackwell Publishing, 2002.

STAHL, S. M. *Psicofarmacologia — Base neurocientífica e aplicações práticas*, 2ª ed., MEDSI Editora Médica e Científica Ltda., Belo Horizonte — MG, 2002.

STALLARD, P. *Bons pensamentos — bons sentimentos: manual de terapia cognitivo-comportamental para crianças e adolescentes*, Porto Alegre: Artmed, 2004.

STUBBE, D. *Child and Adolescent Psychiatry*. Filadélfia: Lippincott Williams & Wilkins, 2007.

TEIXEIRA, G. *Transtornos comportamentais na infância e adolescência*. Rio de Janeiro: Editora Rubio, 2006.

_____. *Drogas — Guia para pais e professores*. Rio de Janeiro: Editora Rubio, 2007.

_____. *O reizinho da casa — Entendendo o mundo das crianças opositivas, desafiadoras e desobedientes*. Rio de Janeiro: Editora Rubio, 2009.

_____. *Desatentos e hiperativos: manual para alunos, pais e professores*. Rio de Janeiro: Editora Best*Seller*, 2011.

_____. *Manual antibullying*. Rio de Janeiro: Editora Best*Seller*, 2011.

UNITED STATES DEPARTMENT OF EDUCATION. Disponível em www.ed.gov. Acessado em 02/01/2013.

O AUTOR

Gustavo Teixeira é natural de São José do Rio Preto, estado de São Paulo. Estudou nos Estados Unidos, graduando-se pela South High School, em Denver, estado do Colorado, onde aprendeu sobre programas escolares de inclusão de crianças com necessidades especiais. Tornou-se médico aos 25 anos de idade e continuou seus estudos no Instituto de Psiquiatria da Universidade Federal do Rio de Janeiro. Ele também é especializado em Dependência Química pela Universidade Federal de São Paulo, em Saúde Mental Infantil pela Santa Casa do Rio de Janeiro, e possui curso de extensão em Psicofarmacologia da Infância e Adolescência pela Harvard Medical School.

É mestre em Educação pela Framingham State University, nos Estados Unidos, e palestrante internacional em inclusão e educação especial.

Dr. Gustavo já apresentou dezenas de workshops em vários países nos últimos anos, incluindo Austrália, Coreia do Sul, Áustria, Inglaterra e Suécia, e cursos de verão nos Estados Unidos para o Department of Special Education and Communication Disorders da Bridgewater State University, universidade americana localizada no estado de Massachusetts, onde é professor visitante.

No Brasil, ele também realiza palestras em universidades e escolas para orientar professores e psicólogos sobre as principais condições comportamentais que afetam crianças e adolescentes no ambiente escolar.

Contato com o autor

Contatos para consultorias, palestras, cursos, eventos, entrevistas e consultas:

(21) 2710-6729
(21) 8232-2785
www.comportamentoinfantil.com
comportamentoinfantil@hotmail.com
www.facebook.com/comportamentoinfantil
www.twitter.com/drteixeira

Este livro foi composto na tipologia Class Garamond BT,
em corpo 12/18,5 e impresso em papel off-white
no Sistema Cameron da Divisão Gráfica
da Distribuidora Record.